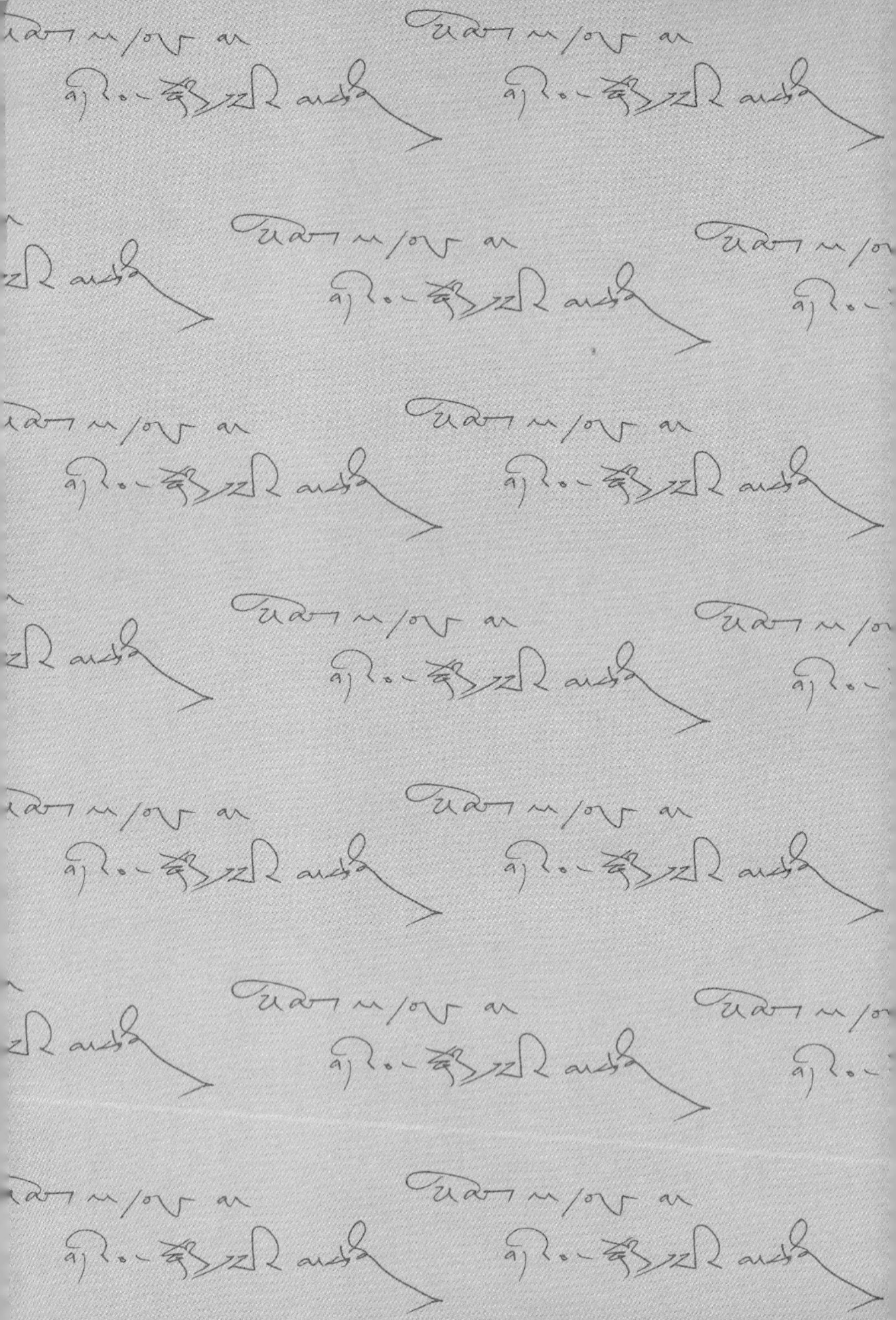

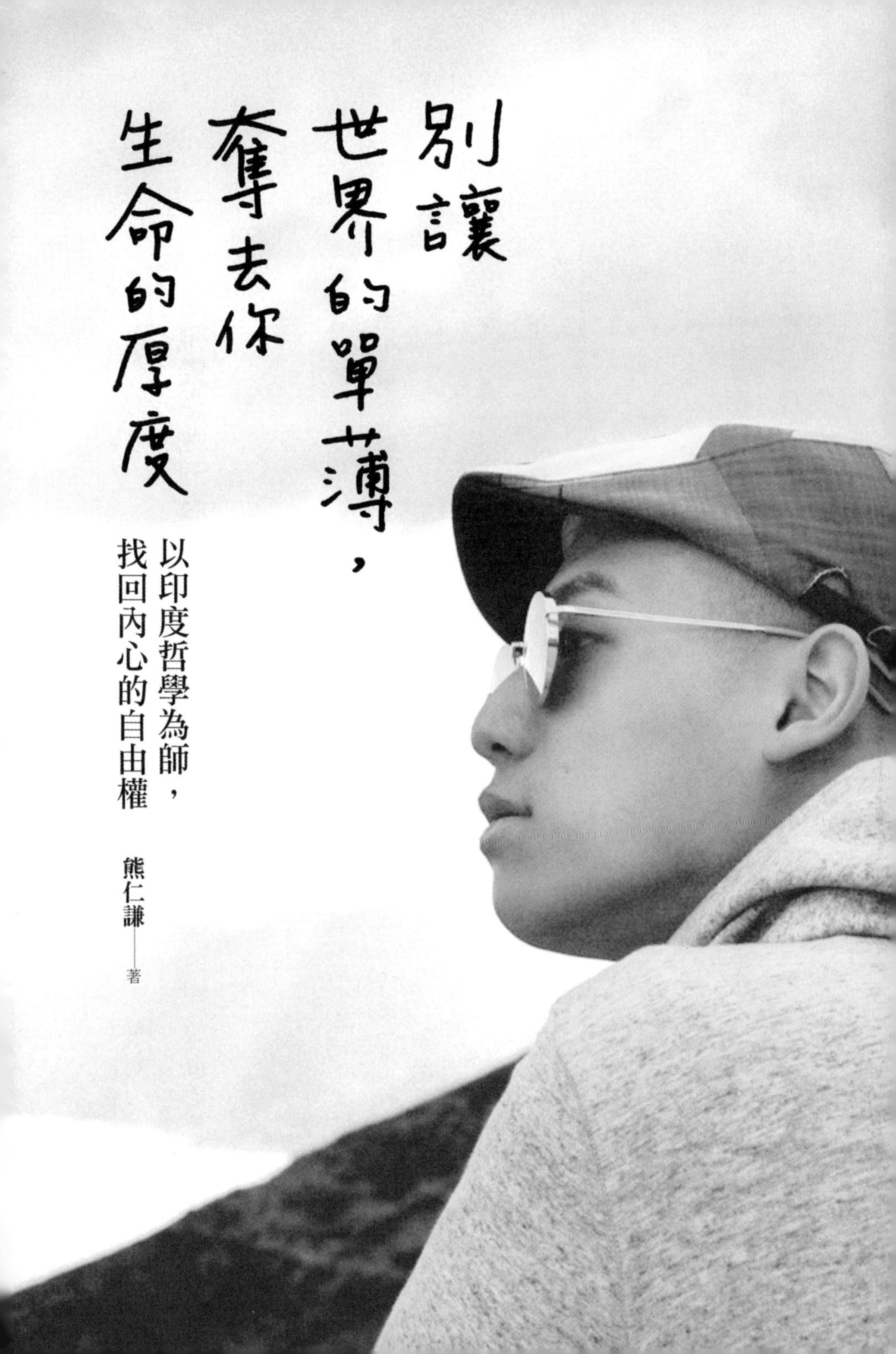

別讓世界的單薄，奪去你生命的厚度

以印度哲學為師，
找回內心的自由權

熊仁謙——著

推薦序

直視最深處的恐懼，真正認識自己

田定豐

現代人大多長期處在壓力下，往往靠著物質滿足欲望，來作爲暫時舒緩的方法。然而，這種治標不治本的方式，有時卻帶來更多身心的不協調，成爲「厭世」的心理狀態。

其實，連我自己也無法置身於外。

三年前，爲了尋找生命到底爲何的答案，我自助旅遊到了印度。從德里到瓦那納西，再到菩提迦耶的一路上，所遇到的種種人事物，都在我內心成了人性美醜之間的一場拔河。

尤其，在瓦那納西的恆河前，我的右手邊是一群天眞男孩，雀躍地跳入恆河比賽，那都是青春生命的飽滿姿態；而我的左手邊卻是焚燒屍體的焚化爐，一具具送入人生終點，化爲了一縷青煙。

我當時想，在這麼短的距離之間，竟是「人生」最誠實也最無情的示現。

那麼，之後的每一天甚至每一刻，我們該用什麼樣的態度看待自己的生命？

讀完熊仁謙的這本《別讓世界的單薄，奪去你生命的厚度》，我才如夢初醒地質問內心的自己，從最深處的恐懼和各種關係中，去認識我從來不認識的自己。

原來，我們每一個人都不像是別人眼中看起來的那樣堅強，總是堆疊許多外在的成就，來掩飾生命裡不敢直視的恐懼。

而這些恐懼的前因後果，熊仁謙都能很有智慧地拆解，讓我們在書中一目了然，置身各種問題的核心，找到各自的答案！

假如有一種良藥，可以對治內心的痛苦和疑惑，我相信這本書將是療癒的最佳指引。

（本文作者爲種子音樂、豐文創創辦人）

推薦序

醍醐灌頂般看見教育的真諦

蘇仰志

我常常在思考，我們為什麼需要教育？教育與每一個生命的關係是什麼？在不同專業領域的場合探討教育時，我也常常反思這些所謂的「趨勢」與「方法論」，是否就是教育應該有的樣子？

非教育專業出身的我，在創辦「雜學校」短短幾年間，在這些問題上有著各種探索，也從自己五歲的孩子成長過程中體會了一些事。

我們有時候太專注在「外在」與「效能」上，卻忘記應該回到「身為一個人」該有的樣貌，回到每一個生命的本質上來看待教育！我們都應該回過頭來好好看待自己與自己生命的關係、與家人朋友的關係、與他人的關係、與社會的關係、與自然的關係、內在與外在的關係等。這會是一個無止境的探索與自我察覺的過程；沒有對錯，也沒人可以給出標準答案。

去接受自己是個「人」，去正視自己生理與心理上的各種反應，並理解外在世界與生命的過程中其實充滿隨機與無常。當回到這些人生該重視的本質上，才能持續成爲「更好的自己」，追求屬於每一個人更深刻的自我實現與心靈的自由！

一口氣讀完熊仁謙這本書後久久不能自己。眞的很興奮能有如此契合的觀點，透過作者精采地梳理古人智慧與自己人生的體悟，竟可以給我們如此大的啓發！我想這是每一個教育工作者都應該讀的一本書，更是每一個在探索自己生命的你一份珍貴的禮物！

（本文作者爲雜學校創辦人）

自序

讓人生，回歸人生該有的樣子

「我們創造的這個驅動多巴胺的『短期回饋循環』，正在摧毀社會運作的方式。」

在我抽空坐到電腦前，構思著如何向讀者傳達「別讓世界的單薄，奪去你生命的厚度」這樣的核心思維，打算將下一場會議前的時間拿來編輯這篇序文時，看到前幾天引起我關注的這句話。

這是一篇標題爲〈後悔做出臉書！前高層：社群媒體正在撕裂社會〉的網路文章，內容是臉書前用戶成長副總裁，帕利哈皮提亞（Chamath Palihapitiya）十一月在史丹佛商學院活動上發言時的摘錄整理。

「短期」這個字眼重重地敲到了我的心坎裡。現在的社會不就是這樣嗎？短期、短視，追求快、追求「高、大、上」，這種在資本主義氾濫下所構成，追求大量「商品」和表象的文化，不是「正在席捲」我們的社會，是「已經占領」我們生活的一切。

這樣的文化建立出來的東西是「單薄」的、是經不起時間考驗的：社會瘋狂、快速以摩爾定律的進展（佛里曼語），製造出了各種追求量、速度、短期回饋的機制，從快時尚、免洗餐具等生活用品，到短期經濟效益、個人政治利益等群體議題，無不受其驅使。

與其恰恰相反的，是人類一向無法改變的特性——人類是情緒豐厚的生物，是需要感情培養與建立關係、需要安全感，需要持續付出與相處的生物，這一切特性，都與「快」「量」「高、大、上」等徹底背道而馳。

更有甚者，現在幾乎以一個人的「生產效能」「工作量」「營業額」這種淺薄至極、毫無情感與厚度的東西，來「衡量」一個人。於是我們現代人越來越適應不良，各種文明社會獨有的不滿四處迸發。

我們明明工作能力很強，卻無法跟家人相處。我們明明很聰明，卻經營不了一段穩定的感情。根本原因都是在於「相處」「感情」是需要等待、培養、多元付出的豐厚存在，但我們在被資本主義這些教條式的「快、量、高、大、上」疲勞轟炸後，內心早就失去了等待、經營、培養的能力。

如果只要點開手機，就可以輕易透過按讚、分享、留言的「短期回饋」方式來與人互動，誰要坐在桌子旁邊，面對一群不常見面的朋友，「努力」找話題來聊下去、「努力」了解對方，甚至忍受那時不時會出現的尷尬靜默呢？

但正是這些「努力」，才讓我們的人生得以變得豐厚！

近三千年前的印度，也曾經有一群人面臨到與我們類似的問題。

當時正值古典婆羅門主義衰退、沙門主義興起，生產力提高結合恆河一帶的「商主階級」崛起，使得許多貴族不再從物質上的成長獲得滿足，更因有感於物質追求與爭戰本質上的無奈和單薄，而渴望往內心尋求豐厚的寶藏。這些先行者們被稱爲「沙門」（Shraman），他們與傳統婆羅門教的合作與衝擊，建構起了南方哲學，也就是「印度哲學」。

我發現，印度哲學者深入探究事物本質得到的智慧，對於我們現代人解決人生困境和社會問題十分有用，且正中要害。

開始研究印度哲學，更具體來說，透過藏傳佛法研究印度哲學，跟寫這本書一樣，是誤打誤撞、沒有刻意規畫之下發生的，正所謂「因緣和合」。要介紹印度哲學前，得先簡單說說我的小故事。

我從小在傳統的佛教家庭長大，父母都是虔誠的佛教徒，這也成了我後來對佛教、佛法深感興趣的誘因。十一歲那年，我成爲一個出家人，在南臺灣一帶學習佛法達兩年的時間。這段時間是我對佛法的深化期，但這種佛法指的是信仰型、宗教型的佛法。

十三歲那年，我隻身前往尼泊爾、印度一帶，專心研究藏傳佛法六年有餘，透過藏語這個古老的語言，一窺數千年來印度、尼泊爾、孟加拉、巴基斯坦與西藏無數大師們對人生問題的眞知灼見。這段時間，我徹底投入佛法的學術研究和知識累積。

十九歲時，我回到東亞地區，投身其他研究工作，那也是我第一次「社會化」——我過去的生活經歷大多是待在一個團體中，相對來說簡單、容易許多。但當自己開始「長大」，面對許多現實與掙扎，特別是人際關係的角力，每每讓我記憶深刻，難以忘懷。

以前在書本中所讀的各種深刻的道理，是撰述論文和辯論上用來擊倒對手的利器。但當我來到現實社會後，突然發現，自己當初學到的東西，包括「無常」「有爲」「有漏」「苦諦」「愛取有」等等概念，原來不是死在紙本上的古老學問，而是活躍在生命中的日常課題。

離開學生生活後，這些年來我仍定期回到印度，甚至去其他不同的國家，進行相關學術研究與講座。隨著看到的面孔越來越多、認識的人越來越廣，自己面臨的人生課題也越來越艱難，我同時也欣喜地發現，自己當初學習的那些學問，不是遙遠的哲學，而是在生命中活生生、血淋淋的課題，是過去無數大師爲我們留下的瑰寶：如何透過一系列的內心訓練，讓我們在生活中找到內心自由的安樂之道。

印度哲學的啓蒙時期，發生在公元前五世紀的北印度地區，當時正値傳統婆羅門主義與新興沙門主義對立，在印度的政治、哲學、經濟上，都帶來了強烈的影響。南印度哲學思想奔放、偏浪漫主義與反社會階級的立場，隨著時間的展延，逐步對以古典文化掛帥的北印度傳統產生衝擊。

與其他地區的哲學土壤不同，印度一向以高端的知識分子爲整個社會階級的頂端，這種地位不受時而興起、時而衰落的王族與貴族體制所撼動，反而能維持其超然的地位。這造就了一個奇景：許多王族、貴族與武士階級的年輕人，甘願放下物質享受與權利而投入知識的研究，甚至走向森林、成爲隱士，尋求內心自由的答案。

在這無數的先行者中，如今最名聞遐邇的莫過於瞿曇悉達多，也就是現今人稱的佛陀。他出生貴族，在近三十歲那年受到當時沙門主義的鼓舞，勇於挑戰傳統婆羅門主義的階層觀，出家求道，並將他一生的體悟傳承至今，成爲在世界上影響力舉足輕重的佛教。

嚴格來說，研究印度哲學是非常困難的一件事情，具體的原因包括早期文本的流失、印度人不善於記錄歷史等現實原因，幸運的是隨著佛教的影響力越來越大，許多文獻都被翻譯到其他語言中，這些文獻都記載了以佛教爲土、當時各類沙門主義的思想。可以說，佛教經論爲我們保留了各派印度哲學的主張。

曾有人向我提出疑問：爲什麼要將佛教談到的一些道理，稱爲「印度哲學」而不是「宗教」呢？如果我們換換視角，往西方哲學看去的話，會發現中古世紀的西方哲學往往都是爲神學服務，甚至到現在的古典自由主義、個體主義，其實也是受到基督宗教的靈魂觀所影響。這種宗教與哲學藕斷絲連的的狀況，普遍存在於許多古典哲學中，在印度哲學也是如此。

不過，撇開各種用來凝聚人心、劃分族群特性且帶有民族主義的信仰與神話故事不談，印度文化中輩出的這些大師們，從一開始投入研討哲學時就鎖定一個觀點：尋求個人的內心自由，或是以專業術語來說：解脫（Mokshah）或涅槃（Nirvana）。以尋求內心的自由爲基礎，悉達多進而提出：人類生命存在著「諸行無常」「有漏皆苦」與「諸法無我」的三個普遍現實，這也是本書理論的核心根據。

現代人在資本主義、消費主義等各種商品化思想下，價值觀越來越單一、內心越來越扁平空洞，逐漸難以適應忙碌焦慮的生活。而印度哲學從追尋內在自由的角度出發，與外在物質主義劃下明顯的分野，正可讓我們不只在忙碌漩渦中找到一口喘息的機會，還能徹底找回自己**內心的自由權**。

至少，這是我的經驗，也是過去數千年來無數人們的經驗。

熊仁謙，二〇一八年三月於臺北

目錄

第二章

對抗終極的失敗是不可行的，你只能接受它

第三章

恐懼吞噬我們的理性

PART 2

情感的力量

第三章
如何「創造主控權」

第四章
不進則退、無常的人際關係

PART 3
眞正的快樂

第二章
我們不快樂，是因為我們誤解了快樂

第三章
真正的快樂是什麼？

PART I

生是意外
死是必然

接受一切終將化為烏有、全面瓦解，

才是無懼與自在的開始。

我們才有辦法真正地為自己活著。

在那之前，我們大部分的時間都是在逃避，

或是出於恐懼而做決定。

第一章　沒思考過死亡，怎麼懂得什麼是真正的「活著」？

我們眞的好好想過「死亡」嗎？

逛書店或是閱讀網路文章的時候，很容易看到有許多人在討論如何追求夢想，各種正面、積極、激發人的欲望與熱情的論調，總是最受歡迎，鼓勵你無止境地去消費、去購買，去「Get something」。

大家有沒有過這種疑惑：有這麼多討論教我們怎麼積極地「生」——怎麼生存、怎麼過生活，甚至過「更好」的生活的資訊，但告訴我們要如何面對「死」的，爲什麼相對較容易遭到避諱呢？

這種疑惑，是在我小時候看歷史故事和童話故事書時產生的。故事的結局往往都是王子或公主永遠幸福快樂地生活在一起，小時候的我常常想不通，難道這些人最後都不會死嗎？還是是我們這些現實世界中的人太弱，故事裡的主角們太厲害了？（題外話：有趣的是，我們現在看到的童話故事，其實也是把許多中世紀的故事，經過「消費主義」改寫後的版本。大部分的童話故事原型，其實都是挺黑暗的。）

我的童年一直圍繞在對死亡的疑問和著迷之中，而我偏偏又是打破沙鍋問到底的個性，所以十到十二歲時，我住到臺灣的南部，花了整整兩年時間待在殯儀館，想要從實際接觸中學習死亡到底是怎麼一回事。

一般來說，殯儀館不是小孩子可以隨便去的地方，但只要是宗教組織人士就可以，因爲死者的家屬基本上都希望能有宗教人士的關懷和協助。於是我那兩年的時間全部都投注在宗教工作上。

除了主持喪葬的宗教儀式，當時我們的服務也包括安慰死者家屬。除了這種臨場性的宗教關懷以外，我們也會陪伴臨終的人，或是癌症、重症患者，一路從在生到死亡的過程，不外乎是與他們聊天、鼓勵他們正向地面對死亡。

兩年下來，我看過的屍體不下三、四百具，有車禍、有自殺、有病死，不只目睹各種死相，參與過的儀式也超過上千場。在這麼直接的接觸中，我特別專注在觀察兩件事：一是臨終之人在面對自己死期時的反應，一是家屬的反應。

很多人都認爲死亡裏著一層神祕的面紗，令人不敢靠近，但那兩年跟死亡的近距離接觸，讓我覺得死亡是件能令人非常有所收穫的事情，因爲在死亡的面前，人原先既有的形象或心防都會崩解。這種形象與心防，不單是指往生者本身，也包括他身邊的親友們。

那種我們常常在電視劇裡看到的戲劇性場面，是眞的實際在現實中發生的：原本看似溫良恭儉讓的人，到了自己的家中長輩過世時，不論是爲了陳年舊恨或爭奪遺產，統統像埋了幾十年的未爆彈一樣，把原本和諧的表象炸毀。更不用說許多臨終之人一反過往冷靜、溫和的形象，在面臨死亡將至時情緒崩潰，在極度的恐懼中走完最後一段路程。在死亡面前，各種衝突、對立毫無遮掩。家屬在病房或靈堂前撕破臉大吵大鬧，根本是屢見不鮮。

當時我便立下了一個很強大的心願，就是我死的時候要好好死，不要太難看。

後來，我接觸久了、看多了，漸漸開始覺得，我們宗教人士對家屬或臨終者說的正面鼓勵的話、跟他們溝通的那些SOP（制式程序），好像都成了陳腔濫調。

似乎沒有人想探究——或者是無法探究——死亡這件事。通常我們會聚焦在鼓勵那些經歷親屬死亡的人或臨終之人，告訴他們要怎麼釋懷、放下，怎麼用正面的態度看待自己或親友的死亡。但這些都是在繞著死亡的周圍打轉，而沒有真正討論到死亡是什麼，死亡對我們的意義究竟是什麼？

甚至那些安慰人要正向看待死亡的話，也往往都是當死亡來到面前時，我們才好像突然發現它的存在，匆忙地準備去應付一下，就如同考前臨時抱佛腳。死亡這個議題對我們來說，似乎就跟隨之而來的葬禮一樣：被迫遇到了，快點結束吧。

缺乏死亡教育的社會

在我們的成長過程中，死亡是一件幾乎理所當然被忽略的事情。我們從小到大接受的教育裡，都在告訴我們各種知識、教導我們如何解決問題，但是唯獨死亡，彷彿教育拼圖中的一塊缺口。

日常生活中，死亡也是大家避而不談的話題。有許多人不喜歡看到出家人，爲什麼？因爲出家人出現的時候往往不是什麼好事，不是碰到災難，就是有人死了。出家人已經被跟死亡畫上等號。特別是在亞洲地區，這種傾向最爲明顯。例如在日本，他們結婚時會用神道教的禮俗，但只有在有人過世時才用佛教的禮儀。

有趣的是，我們身在一個相對進步的國家與地區，得到了高等教育，也就是知道哪些應爲、哪些不應爲。教育的重要性，正是體現在當我們面對問題時，能夠妥善解決。但是，平心而論，我們有被教育如何妥善解決、或是面對死亡嗎？

因爲工作性質的關係，我很常需要去不同的國家，特別是那種不是一般大衆旅遊會去的地區，例如西藏或不丹。對生活在臺灣的我們來說，資源回收已經是我們日常生活中的一部分，我們也會教導小孩垃圾不能亂丟，要分類。但是在西藏，雖然很多人覺得那裡是天堂、是仙境，但西藏人是沒辦法做資源回收的，他們不知道怎麼處理塑膠這種東西。不丹也是類似的情形，所以國王直接下命令，所有塑膠製品都不准進入不丹。

我們都知道，如果不處理塑膠垃圾，就會對環境造成危害，而我們的教育也不斷地教導我們，當我們面臨問題時，該用什麼方法去解決、去面對。有趣的是，我們所有人都共同會面臨到一件事情，但卻沒有人告訴我們該怎麼去面對，那就是死亡。古代皇帝追求長生不老的仙丹，現代醫療延長我們的壽命，但人還是終將一死，從來就沒有人逃得過。

既然有生必有死，但大多數人卻不敢去討論、不願去碰觸，或是只跟小孩子說、甚至要自己相信，王子和公主要永遠幸福快樂。

帶著這樣的疑問，我十三歲那年離開臺灣，前往印度東北方喜馬拉雅山的一個地區，介於不丹、尼泊爾、西藏、中共和印度的邊境，研究藏傳佛教，研究死亡。為什麼會選擇去印度呢？主要是因為亞洲地區這種死亡觀、輪迴觀深受印度哲學影響，後來逐漸轉變為我們的民俗信仰和文化。

其次，藏傳佛教對死亡有一套非常嚴謹的研究與討論。各位應該都聽過《西藏生死書》，三十多年前，它在西方大大流行，後來也開始影響到亞洲地區，包括臺灣，所以我們有很多研究生死學或佛學的組織都是以此書作為主要參考。那時候，大眾對西藏文化、印度哲學有這麼一種憧憬，就是他們對死亡有某種認識，某種和我們不太一樣的理解。

在我還是小學三年級的時候，也是我開始去殯儀館學習之前，我有一次不算是瀕死經驗、但也有那麼一點相似的遭遇。那時我去參加學校的戶外活動，結果天氣太熱，一不小心中暑了，昏迷過去。我印象非常深刻，因爲當時我其他所有感官都似乎停止了運作，但耳朵卻還聽得到聲音。

這個經驗，後來帶給我很強烈的信心，因爲在印度哲學的文獻中，也是這麼形容死亡的，也就是最後還會留下聽覺在作用。因此，這也加深了我學習印度哲學、藏傳佛教的信心。

我必須得說，認識印度哲學是我此生最幸運的一件事情：其獨特的價值觀，體現在它發展的背景：印度哲學思想家們，都窮其一生在追求超越痛苦。正是因爲如此，他們對死亡也看得更透徹——人生有什麼樣的終極解脫、或是終極痛苦，比死亡更徹底呢？

在討論死亡的議題時，印度哲學與現代消費主義有個截然不同的起點：相對於鼓勵追求、熱情、激情與行動，印度哲學提出強烈的警告：有起必有落、有求必有失。

這是印度哲學一個很獨特的看法，認爲：追求、激情與行動，其實都是一種「扭曲的存在」，而正是因爲它是扭曲的，所以必然會終結。用更白話又一語雙關的說法：因爲「生」是意外的，所以必然會「死」。

換句話說，相對於消費主義鼓吹積極、正面、激情與創造的優點，印度哲學認爲，這些「優點」其實都是一種扭曲的狀況，而死亡，不過就是這種扭曲的正常終結。因此，如果我們不要死，那就也必須捨棄生，我們不可能要生卻不要死。

這是一個非常重要的論述，也是早期吸引我開始研究印度哲學的原因之一，更多的討論我們會在後面談到。

在科學提出死亡的解答之前，宗教便有其存在的必要

在印度學習的時候，我大部分的時間主要是投入在研究中，因此親身接觸到死亡的經驗就沒有像在殯儀館的時候多。但是，因爲畢竟還是住在有村落的地方，三不五時會碰上有村民過世，家屬需要尋求宗教文化慰藉的場合。

現代社會中，提起宗教這件事，很容易出現一種聲音是批判其虛偽，或是抨擊黑心宗教人士藉此斂財、成為社會亂源等等。但我認為討論這些問題之前，必須先正視一件事，就是死亡。在科學或其他領域可以為死亡提出一個解答之前，宗教便有其必要性。

現代科學突飛猛進，創造出生產力強大的社會，也滋長了消費主義的風潮：鼓勵我們在「物質」上尋求慰藉，這種傾向忽略了「人心」抽象、不定的特質。所以才會有許多自認「相信科學」的人，把宗教這種毫無物質貢獻、不停在「人心」上操作的學科斥為邪說。

舉例來說，我們人很難接受一個至親好友原本好端端的，結果人突然就沒了。大多數人都是不可能就這樣低頭認命的。我們摯愛的家人，某天突然出意外就離開人世了，而他哪裡都不會去，沒有天堂，沒有極樂世界，也沒有來生，什麼都沒有，他就是這樣不見了，消失了。我們怎麼可能有辦法接受？

特別是在古代，大部分的死亡都是突發性的。在《人類大歷史》中提到，過去的人面臨的是三大危機：飢荒、戰爭、疾病，這三種死亡都是沒有人願意、也沒有辦法預期的。從古至今，人都很難接受身邊的人在短時間內突然死去，人不可能無動於衷。所以，只要在科學或某種東西改變這個狀況之前，宗教必然會存在，也有其必要性。因爲，對於死亡，宗教就是提出了某種答覆，不論合不合理，都可以「安人之心」。

人需要「安心」——這件事的重要程度，遠遠超乎我們的想像。我有一位遠親，從小就是相當愛父母的人，非常聰明，學業表現也很好，他選擇留在家裡照顧逐漸衰老的父母。在他五十多歲的那年，父母雙雙離世。他們走得很平順，我的遠親幾十年來也盡心盡力將他們照顧得很好。但就在父母走了之後，他突然手足無措，不知道接下來該怎麼辦才好。

人大多需要一個支撐自己生命的理由，什麼理由都好，讓我們得以活下去。

很多人喜歡把科學視爲前端，而宗教則被看作落後的後端。我甚至還聽過一種比喻，把人類社會的進步比作火車，火車頭是科學家，他們很努力地往前衝，但後面的車廂裡都是舊時代社會的人，一直拖住前進的速度，而這些人裡面，就包括了宗教信仰。

很多人會說，科學家應該要往前衝，而不要管宗教信仰才對。但是，我們必須知道：只有安心了，人才會有信任，才願意投注資源，否則，科學哪裡來的資源可以進行研究呢？

人需要安心，需要故事來讓自己安心。

講白了，信仰是什麼？就是可以提出某種解釋，某種令人安心的故事。

許多篤信科學、篤信物質的人，認為唯有科學和物質能讓人類世界變得更好、更幸福，只有那些東西才是重要的。但各位看到盲點了嗎？其實重要的根本不是物質本身，而是「物質帶給我們的信心」。蘋果電腦今天之所以會有這麼多支持者，世界上會有那麼多人使用它的手機和電腦，是因為我們「相信」它可以改善我們的生活。我們對它產生了信任。

換成任何一本宗教或思想的古老經典，也具有同樣的作用，因為它們給我們活著的人帶來了信任。從人類存在的歷史開始，這股力量都是必要的，因為有太多事物是給不出答案的，特別是對於死亡這件事。就算醫療讓我們壽命變得更長，就算科技讓我們生活品質變得更高，就算人生變得更加豐富精采，只要人還會死亡，還會因意外或疾病而突然死去，只要我們的社會沒辦法讓人類永遠活著，那就一定要有人給一個「故事」、一個說法，而這就是宗教的力量。

不論科學再怎麼進步，科學數據只要不能被廣大人民所信任，基本上也不可能付諸作用。就好像有科學研究者認爲性取向是天生的，但只要所有人不相信、不信任，那麼科學也無法爲這些人帶來所謂的「進步」。因此，「信任」才是眞正的關鍵。

早年認識到印度哲學對「生死」的想法，以及體認到「安心」——不論是讓自己安心，或是更進一步讓他人安心——在這個世界上的重要性，這兩種思維觀念，源自印度文化中揉合宗教與哲學的架構，卻巧妙地與現代重視物質、消費主義的文化起了抗衡的作用，讓今日活在忙碌大都市中的我，受益無窮。

接下來幾個章節，會循著這兩個思維觀念，揭露我們面臨到的許多生命問題，與其本因。

第二章　對抗終極的失敗是不可行的，你只能接受它

生與死，是對立的嗎？

有一次我從海外飛回臺灣，一位朋友的母親剛好過世，我去慰問他，替他做一些祈福的儀式。我發現他只有一個人，就問他，老婆、小孩怎麼沒來？當時是晚上，他說小孩子會怕，所以不敢來。我又問，這不是他們的奶奶嗎？怎麼會怕？但朋友回答說，他們就是怕。

華人社會中，我們普遍對於死亡這件事懷抱著恐懼，「死」和「生」兩件事被隔得遠遠的。這並不純粹只是人類本能上的恐懼，還帶有一些文化上的特色，也就是陰與陽、生與死、日與夜相對立的二元思想。

看看中國古裝劇，裡面的將軍和皇帝不論在世時有多麼偉大，死後一定是被葬在遠遠的城外。而這種隔離也體現在華人的地獄觀裡：我們一般想像中的「地獄」是一

個「地方」，而住在其中的人稱為鬼，但這種說法，其實是民俗信仰借用佛法用語而產生的視角，並非佛法的觀點。

這樣的世界觀，體現了一種生與死的二元對立概念，例如在日本文化中的生死觀也是受華人文化影響，認為生與死是兩個世界，而連絡生死兩界的橋梁就是我們常看到的鳥居。

總體來說，在華人文化中，生死之間不但是隔離開來的，其二元對立更是被一再強調。但是，我們也都知道，隔離就會製造出恐懼、不了解。

相對於中國文化的二元對立，進而塑造出的規矩，印度文化可以說是完全亂糟糟！這是我在印度所經驗到的文化氛圍，其中一個很大的特色就是：生與死，是在同一個世界、同一個平面上的！在他們的日常生活中，例如走在一條馬路上，會同時看到活的動物、死的動物，活的人和死的人，是一點都不奇怪的事。

最讓我印象深刻的，是我第一次去印度聖地的經驗，那是二〇〇八年的事了。

那個聖地叫做菩提伽耶（Bodh Gaya），據說是佛陀開悟的地方，因此後人將那裡視為聖地，規畫成像公園一樣的遊憩場所，後來也變成世界遺產。傳聞中說，人在那裡會得到許多靈性的體驗。

在菩提伽耶的核心地區，也就是佛陀開悟的地方，裡面充滿了祥和的氣氛，一切都漂漂亮亮、乾乾淨淨的，但是一出了那個公園，外面的大馬路就充滿超乎你想像的混亂。

裡面是佛陀成道的聖地，來自世界各地的虔誠佛教徒齊聚，這些人之中，很多都是大有來頭的人，不論是有錢人還是貴族。而外面的馬路上，便擠滿了乞丐，而且是那種淒慘無比的乞丐。不到五歲的小孩會追著你跑，要錢、要東西吃，旁邊可能就是餓死的乞丐屍體。

既然是宗教聖地，我們可能會以爲那裡像梵蒂岡一樣，一切都非常美麗、有秩序，但實際上卻不是。馬路上擠滿了來自世界各國的觀光客、人們說著各種語言，各式各樣的交通工具和拉車馬、大象、駱駝在路上橫衝直撞。你可能會看到一群人在路旁唱歌跳舞，但他們手上抬著一具屍體，而這具屍體正準備送去火化，火化場就在聖地公園的旁邊。

在菩提伽耶附近，有一個赫赫有名的聖城瓦拉納西，它是印度教和佛教的聖城。

很多印度人都會把死者的骨灰灑在那裡。在印度搭火車或公車，如果聽到乘客是從很遠的地方要去瓦拉納西，你就知道，他們家中一定有人剛剛過世。但恆河之水同時卻是很多人的飲用水，也有人在裡面洗澡。

你會發現，印度就是這麼一個幾乎沒有生死界線可言的地方。生和死，在這裡並沒有意識形態上的對立，二者混亂地並存、出現在人們的生活中，對慣於生死對立的華人來說，誰能夠接受自己飲用的水，源自許多人死後屍體的葬身之處？

雖然現在印度有許多地區都已經逐漸西化，但我所看見的傳統印度文化氛圍確實是這樣子的。我的成長過程幾乎都待在印度，所以這樣的光景對我來說已經習以爲常，因此，當我後來回到華人地區時，華人社會看待生死的方式，反而對我造成非常大的困惑與衝擊。

印度哲學與東方哲學在這個議題上有如此大的分歧，根本的原因或許是在於：印度哲學認爲世界是周而復始的，生、死、又生、又死，最典型的代表，就是印度教大神濕婆（Shiva），他象徵毀滅，同時又象徵重生。

這個觀點，會在第三章有更多的討論。

一場不會贏的戰爭

爲什麼我們在受到生死對立的二元觀點影響後，這麼避諱談論死亡？除了前面我朋友的例子之外，我們常常可以在華人家庭中看到，如果有家中成員過世，當小孩問起時，長輩往往都教他們不要問，長大就會懂。

或許，是因爲對於生活中遇到的所有問題，我們幾乎都可以有個「合理的說法」、有個解答，但唯獨死亡沒有。死亡好像是一道我們無法跨越的鴻溝，一個沒有人能打贏的戰場。

你走進這樣一個戰場，發現不論怎麼努力都打不贏，最後大家乾脆不去看那場戰鬥，假裝它不存在。這就是我們現在大部分人面對死亡的方法。

從這一點，讓我觀察到另外一個現象，就是我們不但不想討論死亡，也不想討論失敗。

爲什麼這麼說呢？因爲死亡就是一種所有人都必須面對的「終極失敗」，一場不會贏的戰爭，一個徹底、絕對的失去。

不想談論死亡和失敗是相互關連的。在我們的教育中，不僅未曾教導過怎麼面對死亡，也沒有教過怎麼面對失敗，而是只關注如何成功。就算談論失敗，有時候用的也是一種敷衍的態度。

不論是師長、長輩或親友，當他們告訴我們失敗也沒關係的時候，最後總是加上一個但書：「可是你還是要如何如何……」乃至於整個社會都在不斷告訴我們，我們要正面、要欣欣向榮、年輕人也可以幹大事、只要願意投資就會有收穫……這些正向熱情的口號，鋪天蓋地營造著積極向上的氛圍。

但我比較在意的是，在這種主流價值觀底下，那些非主流的人怎麼辦？社會先替我們定義了所謂的成功是什麼模樣，不符合這個社會標準的人就被定義爲失敗者，但這個社會又沒有告訴我們該如何去面對失敗，而導致許多人產生了認知上的偏差、迷惘。

具體來說，我們從來就沒有學習過要怎麼面對這些失敗、恐懼，因此當我們長大後，開始逐一遭遇生活中的恐懼時，就會有各式各樣的反應跟表現。不論是酗酒、毒癮、瘋狂購物，或過度放縱自己在某種娛樂行爲中，都是我們對焦慮與恐懼所產生的反應。

很多人都以爲這些行爲是因爲我們不懂得管理金錢、不懂得管理自己的欲望，但其實那是因爲我們在面臨生活中的恐懼時，不知道該如何面對、處理，只好無所不用其極地，用自己相信的方式嘗試解決它，或是逃避它。

無法面對失敗、恐懼和挫折，是我們現在普遍的問題。許多工作方面表現很強的人，可能無法面對感情、家庭上的失敗；或是過於完美主義的人，沒有辦法面對任何一丁點的挫折。我們也常看到孩子沒辦法面對自己，無法向父母證明自己的挫敗感。無法面對，更遑論討論和教育。

「失敗爲成功之母」不過是個「好接受」的故事

在所有的失敗中，最爲終極的失敗，就是死亡——因爲死亡是完全沒有任何挽回空間的。

印度有一個著名的學者叫做寂天（Shantideva），他用了許多幽默的譬喻，來形容死亡。他說很多人都不想面對死亡，或是沒有準備好要面對死亡，但死亡難道不是你的親戚，不會來找你嗎？

古時候的印度文化裡，人死去之後，屍體就會被丟到叢林裡自然腐化，或是被野生動物，也就是鬣狗、狼吃掉。這跟我們華人文化相當不一樣。

寂天在他的著作裡面說，很多人喜歡把自己打扮得特別漂亮，難道這麼做是爲了到時候讓鬣狗比較好下嚥嗎？

在這些譬喻裡，我們可以發現人最大的特點在於，我們如此恐懼死亡，是因爲死亡是一個讓我們所有的努力都付之一炬，無法扭轉或挽回的事情。它是終極的失敗、絕對的恐懼。

當我們面臨生活中的其他失敗或恐懼時，比如說我們今年收入不夠多，但明年可能有機會多接一點工作賺錢翻身，或是，健康的問題可以透過什麼方法改善，感情問題能換一個對象就好了……好像我們都會有一個解決方案。這個「解決方案」，就是消費主義開始大肆發揮之處：你現在心情不好？那出國玩一趟吧！回來保證煥然一新！你被朋友排擠？那努力賺錢換部好車吧！朋友們會對你刮目相看！

任何我們現在面臨到的「失敗」或「困境」，都可以透過「花錢」或某種「行動」來扭轉……可是死亡沒有。你不可能聽到任何人說死了眞快樂，或是死後好不爽。沒有這種事，死亡就是一個完全無解的東西，換句話說，一個失敗的終極形式。

而這裡說的失敗的終極形式，就是指我們曾經付出的一切，都將化爲烏有。現代的消費主義告訴我們，我們之所以不快樂，是因爲擁有的不夠、是因爲做得不夠，要是做得更多、付出更多，就會得到更多而更快樂。但印度哲學則認爲，眞正的關鍵在於我們有「付出」、對付出的東西產生愛，但我們所愛的這些事物最後又會統統化爲烏有，我們怎麼可能接受呢？

因此，印度哲學中有一個名詞，便是形容這種人付出的越多，最後這些東西消失時，痛苦會越強烈——「大苦聚」，也就是指很多痛苦聚集在一起。一開始的付出令人開心，但你付出的越多、最後那一切心血會變成「大苦聚」，因爲付出的事物全部終將瓦解。

我們現在常常會把「失敗爲成功之母」掛在嘴邊，但死亡最有趣的一件事情就是，它本身沒有任何優點，也沒有任何「養分」來「養出」成功。

其他人生中的失敗可能還會為你帶來一點好處，比如說增加你的經驗、讓你下次不會再犯同樣的錯誤，或是讓你體悟到某些人生道理。但是，死亡是一種純度最高、最百分之百的失敗。其他的失敗都還有很多解讀空間，但死亡呢？死亡就是什麼都沒有了，掰掰了，一丁點解讀空間都沒有。

如此說來，「失敗為成功之母」其實是為失敗講一個好聽的故事，讓人們比較可以接受。

某個國外研究團隊做了一個跟插隊有關的實驗。當我們排隊的時候，在什麼情況下，我們願意接受別人插隊？他們發現，一個人毫無理由地忽然插隊，跟另外一個以趕時間為由——或是其他不管有多站不住腳的理由——插隊的人，後者的成功機率永遠比前者高。

也就是說，人類是一種需要故事、需要理由的生物。不巧的是，所有的事情都可以講符合現實、可驗證的故事，但唯獨死亡沒有任何故事、沒有人有任何經驗可供別人參考。所以我們有了宗教，不論合不合理，不論理不理性，信仰就是我們所能擁有最好的故事。

但是，不論是把失敗當作養分，還是爲死亡講一個好故事，其實都是因爲我們不想面對純粹的失敗。因爲面對所有情感、努力的終結，對我們來說就是一件這麼困難的事。

「多一隻羊，就會有多一隻羊的煩惱」

在大多數人的觀念裡，都認爲努力最後一定要成功，或是有付出就一定要有收穫。這種思維或許在幾十年前還可行，但在現在就變得不可行了。爲什麼？過去的時代中，只要好好努力念書，最後就能取得穩定的教職，過著安穩的一生；或是只要在一家工廠從基層員工好好幹，就能一步一步往上升遷，最後可能做到廠長甚至董事長，然後順利退休，安享晚年。但是現代社會變化的速度太快，我們所有的付出都無法保證有相應的成果，最後到底會變成什麼樣子，我們完全不知道。

對生活在現代的我們來說，所有曾經拚盡全力努力的人都知道，我們費盡心思想要創造的未來，往往跟我們原本預想的不一樣。例如我們覺得會賺錢的產品，最後反而不賺錢；而原本覺得沒有那麼理想的東西，有時說不定反而有了好的成果。受到消費主義的影響，我們斤斤計較著成功與否，例如「賺不賺錢」，這其實就是把我們當下的物質生活，當成人生唯一的標準。但是從長遠來看，當我們正視死亡，把這個最終極的失敗考量進我們的人生，我們對失敗與否的定義就會產生變化。

坦白說，所謂的「把人生過好」可以是「就算失敗也很爽」，而不是追求不失敗，因為到最後人都有一死、都會面臨到這終極的失敗。

印度哲學的邏輯系統花了相當大的心力在建構死亡這件事，告訴我們一切終將消亡、喪失，一切的付出終將失去任何意義。以此為出發點來思考，我們必須自問，那在人生中，還有哪些東西是我們真正想投入的？如果消費主義鼓吹我們付出、擁有的那一切，不但沒有意義，在最後當我們要失去的時候，反而會得到更大的痛苦，那我們該怎麼辦？

在西藏有個很有名的故事。一位知名的修行人經過某戶人家時，那戶人家的主人剛好死去，他們希望這位修行人為主人祈福，並送了幾隻羊作為答謝。修行者離開時，婉拒了這個禮物，說道：

「多一隻羊，就會多一隻羊的煩惱。」

正是因爲經由付出所得到的東西，我們會更加珍愛，害怕它有絲毫的損傷（某種程度的失去），進而操心至極，可惜的是，這個東西終究必然會死去。而我們在面臨到他死去的時候，內心那份難過的程度，與當初的付出成正比——付出越多、最後越痛。

印度哲學中，佛法喜歡講「無常」，印度教喜歡講一切都是「虛幻」的，最終都會回歸到造物主的懷抱。不論是哪一種說法，最核心的議題還是在於，我們必須了解到我們一切的付出、一生的努力，到最後眞的會終結、眞的是虛幻的，在我們死去的那一刻，就會失去所有我們曾經擁有的事物。

對於學習印度哲學的人來說，這是最一開始就必須理解的核心思想。可是大多數生活在現代的人都未曾接觸過這種概念，也沒有機會仔細思考這個本來就存在於人生中的重要議題。

其實，與第一章相呼應的：正是因爲有生，最後才會有死。也正是因爲我們開始付出，所以最後必然會面臨到其終結。如果一開始毫無付出，那最後也就不會在其終結時如此痛苦。

當然，這不是因噎廢食。不是說既然最後會分手，那一開始幹嘛在一起。這裡要強調的是，消費主義一逕鼓吹的「追求」「行動」「激情」並不是快樂的解答；而是在我們付諸行動的當下，就必須意識到：我現在付出越多，最後面臨終點時必然越痛。

所以我認爲，我們每一個人都應該要接受關於死亡的教育，學習如何面對失敗中的失敗，面對極盡努力打拚得來的東西，最終都是虛無的。我們都習慣爲自己找理由，比如說雖然我的理想不被認可，但我的付出至少讓我自己能心安理得。雖然我如何如何，但我至少還如何如何。如果有一天，這些「雖然」「至少」都沒有用了，你就是輸了、完蛋了，我們該怎麼辦？我們要怎麼面對自己？

這就是死亡教育最重要的意義所在。

相對於華人文化喜歡把生與死、勝與敗、成功與失敗等分隔開來，印度哲學則更強調，正是因爲我們創造了「生」、最後必然會「死」，正是因爲我們得到片刻的「成功」，最後必然會失去這個成功、回歸本來而「失敗」，就像一個平靜的大海上，正是因爲激起了波濤、才會有波濤的落下。想要有起有而不要有落，不但只是徒然，反過來說，越刻意讓波濤起得越高，最後就會落得越重。

波濤的落下，源自於其湧起；死亡的存在，源自於其出生。

第三章　恐懼吞噬我們的理性

直視恐懼最深處

天葬是西藏地區一種普及的喪葬方式：將屍體搬到天葬臺上面，由天葬師把屍體肢解，讓禿鷹來分食。爲了讓這些禿鷹方便啄食，天葬師必須把屍體像切豬肉一樣剁爛。禿鷹專門吃腐敗的肉，如果是整具屍體，牠們會不知道該怎麼吃，所以必須把花花的肉翻出來。

有時候，禿鷹一直不來，天葬師就會吹一種用人的大腿骨做成的號角來呼喚禿鷹，這種號角聲聽起來像貓的慘叫。而這號角聲一響起，在天葬現場的人就會開始哭泣，但不是出於感動，而是因爲這個聲音——象徵死亡的聲音——喚起了我們本能的恐懼。

對死亡的恐懼是寫在我們基因裡面的，所有生物都是，這是一種深知死亡不可逆的、純粹的恐懼。

在印度修行人的修煉之中，便有面對屍體、看著屍體進行的鍛鍊，也就是直接面對人最深處的恐懼。

對於生活在臺灣、並非修行人的我們來說，這種方式可能過於極端，但是，這種直視恐懼的方法有一個非常重要的涵義，就是「認知」，也就是看清楚恐懼。爲什麼要看清楚呢？跟現代消費主義鼓勵行動、鼓勵消費、鼓勵積極地「Do something」大相徑庭，印度哲學更重視「知」，也就是「了解」或是「看清楚」。

正因爲我們往往在面臨現況的窘境、自我的困頓，或者特別是恐懼時，消費主義都會鼓吹我們透過某些行動，例如購買些什麼、去哪裡旅遊，來改變這個困境與恐懼，但事實證明，這種方式並沒有讓我們擺脫那份對自我匱乏不滿的恐懼，反而會在每次付諸行動後，又發現新的匱乏存在。

這就是印度哲學開始介入的地方——

會不會，我們不是缺少什麼，而是誤會了什麼？

會不會，是因爲這個誤會，才讓我們產生恐懼？

所以，更進一步來說，印度哲學不但強調要看清楚我們的恐懼，更要看清楚那個誤會。前面提到，在華人社會中，往往會採用二元對立的方式來處理我們面臨的議題：生與死、得與失、好與壞。而相對於這種思維模式，印度哲學認爲這是同一件事情的兩種不同表現。

我們平常談及得失的時候，往往會說你得到A，可能就會失去B，彷彿得歸得、失歸失，上帝關了這扇門，就開了那扇窗，像兩個對立的點。

在印度哲學中則認爲，從得到的那天起，你就注定會失去。

印度神話相信人類分成很多種生命體，有人、有神、有鬼。而其中最有趣的一個概念，便是認爲很多事物都是周而復始的。神也會死，會變成鬼，或變成人。在他們的世界觀中，生死、好壞都不是那麼明顯相對立的概念。我們大多數人都覺得表現良好、乖乖的人會上天堂，不乖的就下地獄，是一種「一翻兩瞪眼」的審判觀。但這種審判觀在印度文化中並不存在。有人可能現在是神，但風水輪流轉，之後他可能就成了人了。生命的消長並非一刀兩斷，而是一種循環。

印度神話中的神比較像希臘羅馬神話中的奧林匹克衆神，各有不同的性格，就像超人，但也會有死亡和喜怒哀樂等七情六欲。一般來說，神過的日子十分快樂逍遙，而想當然耳地獄的日子則是苦不堪言。但是，當神即將死去的時候，他們心裡感受到的痛苦會是住在地獄的人的十八倍。爲什麼呢？因爲他們曾感受過極致的快樂，但卻即將失去這種歡愉，所以比原本就很痛苦的人還要更痛不欲生。

因此，印度文化中的得失觀並不是得歸得、失歸失這兩種階段，而是得了、必然就會失。

得與失是同時發生的

對大部分人來說，我們都樂於得到，而不想失去，但很多時候我們往往根本不知道自己得到的是什麼，得到某樣事物時，我們時常沒有想清楚，爲了維護這個得到的東西，我們會付出什麼樣的代價。

前陣子有個朋友很開心地告訴我，上司要升他當主管，他的同事都比他大，可是他是最先拿到這麼好的升遷機會的人。

我對他說，你能力很強，但因爲年紀輕，大家都把你當弟弟照顧，所以相處起來很融洽。等你當上主管之後，這樣的關係還有可能維持嗎？你準備好失去這層關係了嗎？這個朋友本來是跑業務的，一旦升上主管職，就不太有機會再接觸到那些客戶，他想好要接受這個改變了嗎？

有很多事情是一開始得到的時候很高興，但沒有意識到會有許多接踵而來的問題在前方等著。我們眼中往往只看得到那個機會，卻沒有想到背後附帶的許多責任跟危機。我並不是要各位遇到機會就退卻，而是有時候我們太高估自己的能力，一心只想「吃下去」，而沒有考慮到自己是否有足夠的消化力。

我們常常只想要得、不要失，只要生、不要死，但好壞兩者是一體的。

在印度哲學中，有八種東西會讓人陷入沒有意義的瞎忙中，這八種東西稱作「世間八法」。詩人蘇東坡在歷史上是非常熱愛禪修的人，他在隱居的時候有個好朋友，叫作佛印禪師。在「一屁打過江」這個小故事中，某天蘇東坡覺得自己禪修的成效很好，便寫了一首詩給住在對江的佛印。詩的末兩句是「八風吹不動，端坐紫金蓮」。這裡的「八風」指的就是「世間八法」——稱、譏、毀、譽、利、衰、苦、樂。而這兩句詩的意思是，蘇東坡說自己不再被世間這八種東西所困擾了。佛印只回他一個字：「屁」。蘇東坡一看到佛印的回覆，氣得過江去找佛印理論，結果佛印說他是「八風吹不動，一屁打過江」，蘇東坡便羞愧不已，發現自己還是受這八風影響。

印度哲學認為，這八個要素會讓我們陷入汲汲營營的生活中，而失去自我。但這八種東西其實是兩兩一組、一體兩面：稱頌跟譏嘲、讚譽跟毀謗、順利跟「衰小」、苦惱跟快樂。我們大家當然都像蘇東坡一樣希望被稱讚、有好名聲，但這裡的意涵就是在於，你只要有好名聲，就必定有壞名聲；受到讚許，就必定有嘲諷隨之而來。聲譽越高，自然批評也越多。

你只要得了一個，另一個一定也會出現。但是，這就是我們大部分人無法接受的地方，我們都只想要得，不想要失。

因此，我們常常會誤認為，是得到太少，才會導致失去，而想要追求更多，然後同時失去更多。我們沒有意識到得與失是同時發生的，反而認為那是一種先得後失的關係。

以恐懼爲動機的行動

因爲不了解得失是一體的，所以我們總會想要展開行動，去強化「得」的部分，減少「失」的比例。大家常常講「苦樂參半」，可是苦樂並不是參半的。印度哲學說「樂就是苦、苦也就是樂」，他不是一半一半各自表述的東西。

例如我終於跟心儀的對象交往，但我接下來要搬去比較遠的城市住，就會開始擔心會不會因此而分手；我終於拿到了一直想要的工作，但我擔心公司內部的競爭文化會讓我沒辦法擁有良好的職場人際關係。有開心但也有擔心，樂就是苦，苦就是樂。

我們不了解得失的本質，以爲事情就是苦樂參半，這種思維確實能爲我們創造行動的動力。從正面來看，這是一種看似積極的熱情：我們想要去做點什麼，讓我們在得到的同時不要失去太多。

我有一個朋友在科技業上班，他拚命工作、好不容易年薪破百萬。後來結了婚，有了小孩，但他爲了維持高收入，大部分時間還是投注在工作上，沒有時間陪小孩。他爲了彌補這一點，就花錢請保姆，結果讓自己跟小孩的關係很疏遠。

我們都以爲我們「做點什麼」，就可以得多失少。表面上這種行動看起來是積極解決問題，但從反面來看，這種行動就是出自恐懼。

得失是一體兩面，熱情和恐懼也是一體兩面，你無法只看好的一面，而不去看壞的一面，不然就是在遮蔽自我，而在印度哲學中，有個專有名詞就是在描述這種自我蒙蔽、看不清楚、認知出了差錯的狀態——「無明」，一種笨笨的狀態。這種無明會驅使我們做出很多行動。

正因爲是在不了解的狀況下所付諸的行動，所以這個行動本身也就變得笨笨的了，我們也就陷入笨笨的痛苦中，變成笨笨的人，笨頭笨尾。

我們不了解得失、恐懼得失，而又沒有受過面對失去、失敗的教育，就會開始逃避，像前面的章節提到的，用對某些東西上癮或消費的行爲來逃避，或是想辦法採取行動來避免得失，還以爲這些行動是出自於熱情，卻往往讓我們陷入更多的得與失中。很多時候，就是這種恐懼讓我們產生「想要開心」的心理，但開心的背後其實是因爲對於現況有所不安，才會對於某件事的發生感到開心，才會想要去做那件事使自己開心。

我因為工作的關係，認識了各式各樣、各行各業的朋友。其中一位是自己當老闆的，他的公司不大，一直以來都做著大約十幾萬的小生意。某天他告訴我，有一筆破百萬的單子來到他手上，對他來說那是喜出望外的事情。就像我告訴那個要升主管的朋友一樣，我也提醒這位老闆要先衡量一下自己的公司到底吃不吃得下來，但這位老闆回我說，他怕如果沒接下來，往後這種規模的單子就不會找上他了。

最後他到底有沒有硬著頭皮接下來，我不知道。但他的回話也恰恰點出了我們剛剛所討論的：出於「恐懼」而產生的「開心」和「行動」。出於對現況不安，以及恐懼所賦予的積極感，我們就付諸行動。

如果接了這張大訂單，雖然看起來好像能讓他一下子賺很多錢，但很有可能因為他的公司產能不足，而導致難堪的結局。

只看一件事情的某一個層面，然後付諸行動，就是一種在強化得失的行為。你的行動一定會得到些什麼，同時也失去什麼。但我們不斷地行動，不斷地製造出更多得失；得到的多，失去的也多。

如果要擺脫這種不斷的徘徊，就得先搞清楚得與失一體兩面的本質，否則就只能得了又失，失了又得，內心卻從未眞正坦然，最後到我們將死之際，就全部都失去。

面對一無所有的恐懼

面對失去的恐懼，就如同面對死亡的恐懼一樣，如果我們能接受死亡是一件絕對會發生的事——讓你一無所有、所得全失的事，那我們就不會再去恐懼了。

這就是爲什麼我不斷強調死亡教育的重要，因爲面對死亡，就是在面對失去，如果人能眞誠地面對死亡，我們還有什麼恐懼可言呢？問題在於，我們不想面對恐懼，而是想要用行動去扭轉它，或是對它視而不見。

但是，如果我們能換個角度想：既然恐懼的事情沒辦法改變，那我們是不是應該多花一點時間，做値得做的事情？

做臨終關懷時，我常看到兩種家屬。假設躺在病床上的是先生，家屬是太太，那第一種家屬就是央求醫生、央求宗教人士把他的先生救活。但是人類終究不免一死，當家屬不停想要推開死亡的時候，當事者會非常痛苦，因爲他的身體沒有辦法承受接下來各式各樣的治療。我們都希望摯愛的親友能活得久一點點。但是久一點點就得犧牲品質，增加痛苦。

另一種狀況就是太太知道先生在三個月後會死去，但太太選擇的是多花時間陪伴先生，陪他走過最後一段路程。這類家屬不要求任何人去改變這個現況，而是改變自己的心態。也就是說，他們沒有要求外在的力量去改變死亡這個現實，而是改變自己面對死亡的心態。

我們先前提到印度有一位著名的哲學大師寂天，他在著作中曾說過一段話：大地布滿荊棘與碎石，但我們不可能把大地都鋪上地毯；然而，只要剪兩塊地毯包在腳上，那保護腳的效果，跟把整個大地鋪上地毯其實是一樣的。這段話指的是，我們不可能扭轉外在的恐懼與現實，但如果我們扭轉自己面對恐懼的方式，恐懼可能就不會如此巨大了。

我曾與富邦金控的某位前總經理聊天，他以前是操作股票及在金融市場上操作金錢的交易員。我問他，做你這行最重要的特質是什麼？很多經驗嗎？還是需要讀很多書？他說不是，而是你要有強大的心理素質。

強大的心理素質是什麼？

有一次，我在公開演講時，麥克風突然沒了聲音，臺下觀衆開始偷笑，但我提高音量繼續我的演講，直到工作人員把新的麥克風拿來。

面臨恐懼和尷尬時還可以坦然地站著，繼續做、繼續說，就是具有強大的心理素質。而這種心理來自於什麼？來自於你「了解自己的恐懼」。

我們的教育未曾告訴我們如何面對內心的恐懼，偏偏這是人人都要面對的問題。社會不斷告訴我們要勇敢追求、勇敢築夢，但勇敢並不是匹夫之勇。匹夫之勇是什麼？就是不論前面有什麼，往前衝就對了，掉下去就算了。

眞正的勇敢則是——我知道掉下去會發生什麼事、我去了解這種恐懼，但我還是願意踏出這一步。

勇敢來自於我們透徹地了解自身的恐懼。一個可以面對恐懼的人就能戰勝恐懼，爲什麼呢？因爲他不會再被恐懼擺布。

當我們面對恐懼，想要努力做任何事情去扭轉它，都是在被恐懼擺布。例如，當一個人被說業障重的時候，他努力想要做的任何掙脫，都是被這個恐懼擺布。

當我們了解到，某些恐懼是我們怎麼努力都改變不了的時候，那個恐懼就沒辦法再擺布我們了。我知道那個恐懼的存在，但我願意去正視它的存在，就算它在，我還是要做我要做的事情。

教育的根本是在教我們解決問題，不過，最大的問題很可能不是來自外在，而是來自我們的內心。更具體來說，就是對某些事情的害怕或恐懼，或是當某些事情發生時，我們手足無措、努力想要做點什麼來扭轉它的那種驚恐。但是一旦我們能夠先看清其本質，就可能會做出不一樣的選擇。

當我們接受這種一切終將化爲烏有的全面瓦解，那才是無懼與「自在」的開始，我們才有辦法開始眞正地爲自己活著，不然，在那之前，我們大部分的時間都是在逃避、不想面對，或是因恐懼而做決定、過日子。這是在見過各種死亡、看到這麼多人如何面對死亡後，我所學到的最重要的事情之一——得與失本來就是一體兩面，這才能逐漸擺脫恐懼、停止因爲恐懼而付諸的行動。

第四章　放過自己，畫下完美的句點

你的快樂，站在懸崖上

如果死亡是一件必然發生的事情，我們爲什麼會把它看得那麼可怕？想像一下，如果沒有死亡，我們就會一直活著；持續因爲活著而產生行動，就會不斷重複得失，深陷在搞不清楚狀況的無明之中。

死亡就像個警鐘，能夠提醒我們離開無明的狀態，看清楚人生。

死亡對大部分人來說，代表孤獨、純粹的失去，不知道在那之後還會有什麼。一旦意識到死亡的存在，就可以讓我們想到從來沒有好好去思考的得跟失的特性，也就是活著必定會遇到的事情。

在受到印度哲學影響的地區，特別是西藏，他們認爲印度哲學最大的重點即在於死亡的課題。如果對死亡沒有某種了解，那麼所有的學問都是白談，無法眞正進入到生命中。換句話說，在我們死去的那一天，能夠以什麼樣的態度面對死亡，就是最重要的。

俗語說：「除死無大事」，這句話有其道理在。

如上一章談到的，事物本身同時具備好壞兩種面向，我們常常只看到死亡那看似可怕的一面，但我們應該也要把眼光放在它有益的一面。

這麼說並不是指在死亡面前什麼都微不足道，所以乾脆什麼都不要做。而是讓我們在看待人生中的萬事萬物時，都要知道一切皆有終點，只要意識到那個終點，我們反而可以因此停下來審視自己，看看我們現在到底得到了什麼。

有太多時候，我們只看得到得或失的其中一面，然後就一直往同一個方向鑽，卻沒發現這麼一來，我們反而得、失都會倍增，會「越玩越大」。可能原本一開始的得失只有一點點，但之後得到越多，就失去越多。

就好像一個人剛出社會，一開始得到三萬塊的薪資，原本足以負擔生活開銷，但後來他的消費越來越高檔，需要更高級的東西來滿足自己，所以就越拚命地賺錢、找機會投資。可是在這個過程中，他可能就失去很多東西，簡單來說，例如健康、朋友等等。

甚至有更多時候，我們的行動已經不是再去追求得到，而只是在捍衛我們自己本來得到的東西，避免失去。

感情就是一個很好的例子。我們常常聽到，許多情侶或夫妻的感情在走到某個階段的時候，已經不再去想從這段關係中成就什麼，或是一起去經營這段感情、讓雙方變得更親密，而只是爲了讓關係持續下去而在一起。但我們往往會發現，這種以維護自己所「有」爲目的的行動，只會讓人陷入更痛苦的循環中。

雖然得失是一體兩面的，但還是存在著出發點上的差異。是想要多得到呢？還是只是不想失去我們得到的？

我們必須認知到一件事，就是不論我們得到了多少，在死亡面前，這些付出的東西和獲得的東西，終將是沒有意義的。我們在前面提到，付出的越多，到最後就會變成很多痛苦，也就是「大苦聚」。但是，那些東西會變成「大苦聚」，是因爲很多時候，我們付出並不是因爲付出讓我們快樂，而是因爲我們不想失去現在擁有的。

我們越不想失去、就越努力維護，越努力維護、最終失去時就越痛苦。當我們的付出不過是爲了維護一個東西，而不是因爲付出本身讓我們感到振奮，這就預示了接下來只會有更多的痛苦。

兩個人在關係中明明就不快樂，但雙方都不想離開這段關係，選擇繼續努力維持這段感情，就好像明明已經站在懸崖邊上了，卻不肯往後退。

在印度哲學的許多文獻中，都喜歡用「站在懸崖邊上」形容我們認爲的快樂。有時候，我們感受到的快樂並不是眞正的快樂，而是因爲我們害怕失去原有的東西，努力去維持它，然後帶給自己快樂的假象。

生活中，這種例子屢見不鮮。許多人到了某個年紀之後，他們所做的工作已經不是在爲了創造什麼，或是要變得更好，只是爲了維持自己擁有的東西而去做利益交換；爲了不想失去已經做了很久的工作，爲了不想失去花了很多時間建立起來的名聲，爲了不想失去現況而做。

像這樣，爲了「不想失去」而做的事情，往往到最後會變得荒腔走板，一發不可收拾。

我們常常在人生中與他人有價值觀的衝突。好比有個人認爲寵物應該要領養，而不該購買，因爲不希望有更多繁殖場剝削動物的生命，但在此同時，他的另一半很喜歡某一種品種的狗，堅持要用買的。有一天他們的感情出了問題，如果他不買狗給另一半，可能就會失去這份他很珍惜的感情，但如果他買了，就會跟自己一直以來抱持的價值觀產生衝突。

我們常常在兩種都很重要卻互相牴觸的價值觀中掙扎。但是，若我們的動機是不想失去的話，越到後面，我們越有可能做出沒有底線的事情。就像不論是在職場或是在一段人際關係之中，常可以聽到有人爲了維護職位或是維持跟某個人的交情，做出傷害或出賣別人的事情來。

一旦開始付出、投資，就想要「不失去」；而一旦不停追求「不失去」這件事，就會沒有極限。很多大企業一天到晚忙著資金週轉，在這邊調了多少錢，就拿另一邊去補；爲了維護業績的成長，不斷以錢滾錢，或是壓榨員工，到最後整個企業的運作已經偏離了初衷，完全不顧產品的好壞與否，就只是爲了維護利潤而行事。

我們可以問問自己，是否有許多正在做的事情已經不再是爲了當初的出發點，而只是爲了維護那個「不失去」「不失敗」的表象？

要脫離這種沒有意義的迴圈，唯一的答案，就是我們要懂得急流勇退，畫下完美的句點。

所有的付出終究會走向失去，但我們能決定句點的樣貌

好好練習面對死亡，就是正視「失去」這件事，讓我們能將眼光放遠，不再只注重眼前的得失，也能避免更多得失帶來的痛苦。

在我宗教工作中的臨床觀察裡，經常要親眼目睹各種對死亡的恐懼。雖然現在很多人會說到最後不要急救，但眞正到了死亡來臨那一刻，往往還是選擇急救。很多父母會跟子女說到時候不要氣切插管，但到最後看到父母已經沒有意識了，孩子還是立刻決定要插管急救。

人在極度恐懼時，只要能夠不失去，他什麼都願意做。

我自己也有這種親身經歷，有一位親戚還在世的時候告訴我，如果發生什麼事，不要插管，也不要幫他急救，他信任我到時可以替他做這個決定。但當事情眞正發生

的時候，我剛好不在他身邊，他在海外，而他的子女怎麼可能選擇不急救？最後的結局是，他人還是走了，但是走前壓斷了五根肋骨。

在面對死亡這種終極的失去時，我們都無法不「做點什麼」，去扭轉這個我們明知不可能改變的事實。生的另一面就是死，得的另一面就是失。為了「不失去」而做的行為，往往只會增加我們的痛苦，以及增加那些我們所愛的人的痛苦。

而最可怕的是，很多時後我們以為自己是在得到什麼，其實是在害怕失去，但我們往往分辨不出來。

很多新創公司一旦啓動一個案子，通常就無法停止。不是因為那個案子眞的做得出來，而是因為如果停下來，投資人就不會再投資下去，所以只好硬著頭皮繼續做一件沒有意義的事。

我們也常在網路上的募資平臺看到這種案例。許多團隊會在平臺上誇大其詞，說要做一個什麼全自動的機器，眞實情況很可能是良率太低、研發成本太高，也可能眞的做不出來。但是，這些研發團隊看到有這麼多支持者一股腦把錢丟給他們，或是在網路上引起很高的討論熱度，他們也拉不下臉來坦承失敗，只好繼續維持一切都很順利的假象。然而撐不了太久，大家就會戳破他們，而對這個團隊造成更大的傷害。

有太多時候，我們做的事情不是因爲我們想這麼做，而是因爲我們恐懼。但人生中已經有太多例子告訴我們，這種行爲最終都會成爲徒勞，甚至變成痛苦，因爲任何得到的背後終究會走向失去。

因此，所謂的急流勇退，就是能夠學會在最好的地方停下來。這個停下來的時機點在哪裡？就在於要分辨清楚這件事情我們到底是爲了什麼而做。究竟是不想失去？還是是爲了得到什麼？

就以上兩者而言，後者是比前者好的。因爲當人想要得到什麼而去行動時，雖然最後還是會失去，但在追求的當下，心裡是帶者某種積極、熱情或是欲望，某種相對來說會讓我們感到比較踏實、快樂的事物。

如果是爲了不想失去，相對地就會恐懼、焦慮。現代社會最大的問題就是人的心裡充滿焦慮，而這種焦慮的本質，就是恐懼失去現有的東西。社會變化的速度太快，加深了我們的焦慮。但我們選擇的往往並不是去正視這種焦慮的本質，而是想盡辦法去做我們認爲會解決焦慮的事情，結果往往讓自己更焦慮。

這種恐懼失去、不願讓自己的付出付諸流水，是我們大部分人都會有的。就好像有些男女朋友分手之後開始列清單，要把之前送對方的禮物拿回來。

在面臨死亡的時候，我們都害怕自己的生命白費了，怕自己生命投入的東西最終會失去，這就是恐懼的本質。

我們之所以要學習急流勇退、畫下完美的句點，不是指等事情都似乎很上軌道，或是要很假掰地在事情正熱騰騰進行中的時候，突然撒手不管。急流勇退眞正的意思是，我們必須認知到，當某樣東西注定要失去的時候，再怎麼努力都是徒勞的。但是，我們可以用另一種方式去創造一條路，就好像李開復說的，他在面對人生終點時，發現有更多値得他去做的事，在他的例子中就是陪伴家人。

「畫下句點」，其實就是停止恐懼得失、停止爲了「害怕失去」而行動，而是爲了自己想要、自己希望而做。這其中的第一個重點就是，當某件事必然要失去時，就有得到另一件事的契機，因爲失跟得就是一體兩面的，只端看你有沒有辦法去注意到、去把握這個機會。

這麼說的意思，並不是說跟死亡比起來，其他事情都微不足道。在我們的生命中，有很多事情眞的是很重大的失去。例如公司投資失敗，它不只是你個人的失去，還會是公司其他人的失去。但是當我們回歸到本質來看，生命的快樂與痛苦往往都是根據我們自身的經驗，而這經驗就跟外在的得與失有很大的關係。

我們往往只有在自己面對純粹的失去、純粹的恐懼、什麼都做不了的時候，才願意改變自己的心智，否則我們都想透過付諸行動來扭轉現在失去的困境。

但當你有一次只能思考、沒辦法付諸行動的機會，你才有辦法眞正「活在自己的人生之中」。在此之前，你的行爲都是因爲無明而做的、是爲了扭轉失去而做的。當你有一次經驗到，這件事情不是因爲恐懼而做，而是因爲自己想要而做之後，改變了心態，你才有辦法開始改變這個得失的循環，開始對人生感到怡然自得。

培養拒絕的能力

如果確切知道一件事情注定會失去，我們就不會去賭後面可能有更大的得到，也不會在抉擇時患得患失。

以我爲例的話，我很常收到去大學演講的邀請，但我曾一度全都婉拒了。因爲我覺得當時的自己跟學生沒有什麼共通的經驗和語言，所以不太適合。

「拒絕」是人生中很重要的能力。因爲，拒絕其實就是在評估過得到的機會跟可能失去的東西之後，所做出的選擇。比如說，我覺得自己還沒有準備好要怎麼跟學生講話，也許我去演講個幾次，能夠得到某種程度的名聲，但我失去了投資下去的時間，而且可能也得不到我眞正想要的影響跟效果。

人生中有太多這種經驗，可以印證這種得與失的關係。

但是，不管最後選擇要做或不做，在一開始就思考過這個得失的差別，也就不會造成做了以後，即使得到些什麼卻反而失落感更重，例如我可能去了之後，最後才發現自己眞的沒辦法跟學生溝通。

釐清得失的本質爲何如此重要？就是因爲死亡存在。因爲，人生是有限的。但是在人的一生中，需要去做的得失的選擇，卻是無限的。所以做好這種選擇很重要，否則難免有許多東西是我們一直付出，卻發現最終得的少、失的多。

搞清楚得失的本質，就是脫離無明的狀態，懂得在該拒絕的時候拒絕。這是能夠畫下完美句點的第二個要點。

讓我們放過自己

我們所生活的社會不斷告訴我們一種主流價值觀：「Just do it!」就去做吧。但是在思考清楚之前就付諸行動的話，不論做什麼，只會替我們創造各式各樣的得失，然後在這個得與失的迴圈中看到更多的失去，令自己深陷在這種循環裡。

與社會主流價值觀相反的，「認識死亡」在這裡的意義，就好像把我們的雙手綁住，讓我們什麼都不能做，只能眼睜睜地面對失去的恐懼。而當我們在這麼赤裸裸、這麼純粹的失去面前時，我們反而會開始進行自我認知的調整——因為除了改變自己的認知，我們毫無他法。

認為自己有能力的人，比接受自己無能的人容易掉入痛苦的迴圈裡。就好像一個孩子是學校資優班的最後一名，他覺得自己有能力，卻看到永遠都有其他人跑在他前面。這種好像有機會、卻又不確定能不能得到，是最討厭的情況，因為這樣會讓我們開始想要付諸行動，開始無盡的得與失。

但是，當我們願意面對純粹的失去跟恐懼時，你會發現，在什麼東西都得不到的情況下，我們只能改變自己的思考模式。而改變自己的思考模式，就能改變我們對生命的經驗，進而改變我們對快樂跟痛苦的經驗。

當然，改變思考模式一定會經歷陣痛期。就好像你的小孩從前半段最後一名，進到後半段第一名，身爲父母一定會很不滿。但時間久了就會改變，我們的思考會在這個改變的過程中開始接受失去，接受恐懼與失敗，而讓想法變得更靈活。

很多人說，人生一帆風順的人不一定好。因爲沒有遇過那種純粹的恐懼，所以會一直不停逼死自己，想要一直往前衝、不斷想要得到所有的東西，因爲他沒有面臨過那種沒有出路的情況。

所以，死亡對我們來說爲何如此重要，就是因爲當你認知到人生有時就是沒有出路的時候，你會開始學會放過自己——放過自己對只要得、不要失的追求，放過自己對維護現有事物而徒勞、甚至不惜傷害他人的追求，放過自己只是爲了擁有而擁有的追求。

第五章　包容，來自看見人的恐懼沒有分別

「被討厭」的那些自私的人

前面我們提到，在華人社會裡，我們往往會把很多東西對立起來。好壞、生死、苦樂。而我們也談到，在印度哲學中很少將事物的本質一分爲二。

我們常常會給自己在生命中遇到的人下意識地貼上標籤：他是好人或壞人，他聰明或笨。臺灣的電影院最常播好萊塢的大片，而動作片跟劇情片最大的差異在於，動作片會非常粗魯地把好人跟壞人顯而易見地分別出來。就像生活中會出現各式各樣討厭的人、假想敵，我們很容易因爲一個人做了某件事，就把他歸類在好人或壞人的類別裡。

但是，從印度哲學的觀點來看，我們沒辦法眞的說一個人是好是壞，因爲這不是人與生俱來的特質，跟我們說性本善或性本惡不一樣，而是由生命中的各種際遇塑造

成我們認爲的好人或壞人。

仔細想想就會發現，其實生活中，那種眞正的壞人出現的機率相對比較少，而比較常出現的，是我們認爲自私的人。

對於那些自私的人，一般最直覺的反應就是，他們很討厭、別跟他們來往。但是在面對那些自私的人時，有個認知很重要，就是：很多人在做出某些看似自私的行爲時，其實不過是在恐懼他會失去什麼東西。

比如說，在公司賺錢的時候，我們會覺得明明他是老闆，爲什麼還不願意讓利？明明他已經擁有這麼多，爲什麼不願意拿少一點？但其實對方跟我們一樣，他只是在害怕失去付出這麼多才得以擁有的東西。就好像有些人月入一百萬卻還是對人不大方，但有些人月入三萬卻讓人覺得很重情義、願意對朋友大手筆。換句話說，一個人的金錢觀與他擁有的多少無關，而與他內心恐懼的強烈程度、對未來的不安感有關。

甚至可以說，被我們視爲敵人的那些人，不論他是針對你散播負面八卦，或是放話威脅你，還是做了某些讓你覺得受傷害的行爲，其實，本質上他都是在恐懼，他是在害怕失去某種東西才會這麼做。

職場上，同事之間的鬥爭層出不窮，例如某個同事不願意幫你完成案子，總是推三阻四，或是到處跟別人亂說你的私生活有多不好，但他可能是因爲看到你的工作能力很好，怕你搶走他升遷的機會，所以才用其他方式來打擊你。

聽到這種事，我們往往會義憤塡膺，覺得這人怎麼這麼差勁，但是我們好好想想，他們的恐懼跟我們自己的恐懼，眞的有什麼差別嗎？

雖然我們恐懼失去的東西不一樣，但是每個人都會恐懼「失去」。

而理解這件事情、理解每個人的恐懼沒有分別，是一個很重要的體認。有了這樣的體認後，會發現很難再去一刀劃分誰是壞人、誰是好人，因爲我們都深陷在害怕失去的恐懼感中，而我們常常認爲的那些自私的人，也不過是爲了避免恐懼、因爲害怕失去而付諸行動而已。

跟我們一樣。

溝通，始於了解對方與我一樣怕

爲什麼理解這件事很重要？因爲，當我們也把對方當作一個活生生的人看待、了解對方也抱持著跟我們自己一樣的恐懼時，才有辦法眞正開始與他人對話。明白對方害怕的是什麼，才能眞正掌握彼此的位置，並且眞正開始與對方溝通。而這種「嘗試去理解」的努力，就是包容。我覺得包容是現代社會特別需要去關注的議題。

這就是面對死亡，讓我學習到的另外一件重要的事情。

爲什麼死亡可以讓我們學習到包容？

其實就跟我們前面談到的一樣，當我們了解每一個人都有恐懼、都會面臨到純粹的恐懼與失去時，我們才有辦法試著解決他的恐懼，進而開始溝通、合作。

我在替死者進行宗教儀式時，常常會遇到一個狀況，就是家屬殷殷期盼地看著我，問我說，他們過世的至親一定是去了某個好地方對不對？我怎麼可能知道答案呢？但是，這時候我一定會這麼回答對方：「對。」

很多時候，眞相是什麼一點都不重要，讓懷有恐懼的人安心，才是最重要的。

在變化越來越快速的現代社會中，世代溝通的難題越來越劇烈。我們常常覺得媽媽聽不懂我們在說什麼，而媽媽又會覺得你這死小孩怎麼都不聽話。我們沒辦法溝通，但那是因爲我們沒有辦法去包容，沒辦法有同理心。爲什麼？因爲我們不了解別人的恐懼。

有時候，我們跟父母輩的人在爭吵的議題，往往不是眞正的重點，而是他們內心的恐懼——父母害怕孩子在成熟獨立離家之後，他們就會一無是處。他們恐懼的是自己再也沒有任何價值。而我們呢？我們害怕不獨立出去，在自己的社交圈、朋友圈中就無法立足。

在職場上的代溝問題也是如此。很多年輕人進了職場，看到公司裡面老一輩的同事做事沒有效率，可是當他們提出解決方案的時候，那些老一輩的同事又會教訓他們不懂就不要亂說話，年輕人於是忿忿不平，認爲那些老人無法溝通，讓年輕人沒有出頭的機會。

很多這種無法溝通的長輩，是在恐懼自己跟不上變化速度這麼快的時代，害怕自己會被時代淘汰、變成無能的人。所以在遇到自己不了解的事時，便採取防衛姿態，無所不用其極地阻止改變的可能，以免自己變成摩登社會的邊緣族群。

我們看不到對方的恐懼，而只關注在自己的恐懼上，才會造成對立。一直無視別人的恐懼，只爭論事情正確與否、眞相是什麼，反而常常會讓我們錯失能夠眞正開始溝通的機會，讓對立變得更強烈。

當我們開始去了解別人的恐懼，才有辦法產生包容。包容並不是一味妥協，而是「我在意你、我希望你安心」。

能夠「讓別人安心」，我覺得是一個人成熟與否的重要標準——能不能體認到其他人也有他們的恐懼，不只是我們自己有所擔憂而已。爲了讓事情順利地運作，我們是有責任與義務讓其他人感到安心的，特別是那些跟我們有密切關係的人。

再者，能夠與他人和平共處，也是人生中很重要的能力。

一個常常與衆人發生爭執對立、拖累工作速度的同事，他最大的恐懼，很可能不過就是害怕不被認可、害怕自己能力不足，被大家排擠。

甚至在華人社會最常出現的婆媳問題中，很多時候，婆婆只是害怕媳婦的存在會改變她原有的生活方式，害怕生活脫離自己的掌握。這裡不是要說，對方的表現、行爲就會是對的，而是指出，它的本質多半是恐懼罷了。

父母因恐懼失去與孩子相處的機會與關係，從而展現的行爲，讓我們覺得父母在壓抑我們。這時候，我們不該一味指責對方，而是應該要好好想想，怎麼使對方不再害怕失去，不再認爲孩子獨立就是一種失去。這比訴諸衝突與對立，遠遠來得重要太多了。

去了解彼此的恐懼，進而試著讓對方不再認爲這是一種失去，或是不再害怕失去，是我們每個人都必須要學習的課題。而不論是訓練自己面對失敗，還是面對死亡，都能讓我們有很大的領悟。如果不學著訓練自己面對和了解，任由各自繼續害怕失去某種東西，我們不免會越走越分歧，心與心的距離也就越來越遠。

害怕不被理解，加深了我們的恐懼

恐懼有個最大的特點，就是人會害怕自己的恐懼不被理解。我在看電影《牠》的時候，發現裡面描述一個很重要的概念（接來下來有點爆雷喔），跟這裡說的重點非常契合。

當怪物小丑出現、要嚇主角們的時候，電影裡每個小孩所看到的恐懼的形象都長得不一樣，有些是痲瘋病人，有些是扭曲的畫中女人。這代表了每個人的恐懼是獨特的。可是，他們是從什麼時候開始，可以一起合力對抗那個小丑呢？就是當他們開始理解對方的恐懼的時候，彼此指出我看到的是這個、你看到的是那個，他們才有辦法開始合作。

同樣地，特別是從世代溝通的問題來看，我們已經理解到每個人的恐懼都有其獨特性，但有某種東西把這種恐懼加成了，讓它變得更難攻破，就是「害怕不被理解」。

對父母來說，除了害怕孩子離開，還怕他「不懂我這個心念」，這種害怕會持續加成。所以，嘗試去理解、表達出「我願意理解你」是瓦解這種加成很重要的第一步。

表現出願意嘗試去理解，是對對方表達關心，不過，這裡有個心態要特別小心。

我們常常會不自覺地將關心變成「如果你害怕，沒關係，我來幫你解決問題」，這種態度背後，常常是潛意識裡的優越感。對方解決不了，就由我來，我可以。而「嘗試去理解」卻只是單純的關心，這跟自己有沒有類似經驗、能不能處理對方的問題，是沒有什麼絕對關係的。

同時，表現關心、表現出「我在意你的感受」這件事情，反而是我們突破舒適圈唯一的方法。突破舒適圈很難是一種刻意爲之的東西，就好像說，我臉書的朋友都是綠色政治陣營的支持者，而我創一個新帳號，刻意全部加藍色陣營的朋友，並不是這樣的。

「突破舒適圈」並不是刻意去靠近被我們貼上不同標籤的人，而是拿掉那些對立和標籤之後，我們表達出對對方一種純粹的關心，才有辦法產生「打破舒適圈」的轉變。當我們不再用標籤去看待別人，當我們付出關心，人們反而會願意告訴你，他們眞實的恐懼是什麼，由此才能達成眞正的溝通。

很多時候，面對各種看似對立、衝突的關係，只要我們能夠記得，雙方在恐懼面前，都一樣無力、害怕，都努力維護、奮力扭轉不安，反而才能開啓眞正的對話。

學習認識死亡、了解死亡，根本上並不是認識那個無法扭轉的死亡，而是真正體會到我們對死亡的感受、反應，不論是恐懼或是不想面對。然後更進一步地，爬梳出那恐懼的本質，了解自己對得失的誤解——正是這種誤解，驅使我們在人生中做出許多錯誤的選擇。

當我們能夠認識這些誤解與恐懼，進而體認到他人與我們在面對恐懼時共享的無奈，自然也就能夠更寬容地看待一切摩擦與對立。

印度哲學的智慧．接受有生必有死，才能脫離痛苦的循環

我們每個人都渴望自己是童話故事中的主角，獲得恆久不變的幸福，然後永遠快樂地活下去。而在佛教經典《出曜經》①中，記載了一個生動的故事，點出人生中快樂與痛苦之間的關係。

悉達多在當時的拘薩羅國首都舍衛城時，有一個經歷喪子之痛的婆羅門教祭司來拜訪他，悉達多問他：「你怎麼回事？看起來心神不寧的。」祭司回答：「我的獨子死掉了，怎麼能不難過呢！我從他小時候，就希望他長大能幫我，現在他死去了，我幾乎都快瘋了！」

悉達多回答：「是啊！你說的沒錯！這一切的痛苦，都來自於愛憐呢。」祭司說：「不對吧！大家都說愛憐能夠帶來快樂耶。」他起身返回城中，看到兩個人在賭博，就將剛剛他聽到的說法問他們，他們回答：「愛當然是會帶來

快樂啊！」祭司心想：「看來我是沒錯的。」隨後開心地跑回城裡。

這個故事經口耳相傳，最後傳到了該國的君主波斯匿王的耳中，國王問他的妃子茉莉夫人：「妳可曾聽聞，悉達多說愛會帶來痛苦？」夫人回答：「沒錯啊！他說的沒錯！」大王說：「雖然悉達多是妳的老師，但妳也不能這麼說吧！要知道，愛帶來的是快樂，不是痛苦啊！」

夫人問大王：「大王！您是否深愛自己的妃子們、將軍與臣子呢？」國王回答：「是啊，我非常愛他們。」「那麼，請問：如果這些你深愛的東西變化了、跟以前不一樣了，您再也無法維護他們了，那怎麼辦？」「我應該會痛苦至極吧……」

「是啊，大王！您自己也說了，正是這個不捨的愛憐、想要維護原樣的愛憐，給您帶來了痛苦呢！悉達多說的，就是這個意思呀！」

公元前五世紀，北印度的思想家們百家爭鳴，沙門主義與傳統婆羅門主義之間的衝擊遍地開花，他們在尋求人生自由的大前提下，提出了各自不同的論述。

被後世稱為「佛陀」的瞿曇悉達多，重視對死亡與無常的關注，進而指出，當我們一心想維護原有的一切、保護它們不受現實改變，只會帶來痛苦。接受現實，抽離這個痛苦的循環，才會得到自由。

前面所說的故事，點出了印度哲學中的重要思想：有生必有死的規律，是一個無法扭轉的現實。但我們往往為了維護一段感情、一家公司、一個軀體舊有的樣子，投注了無比的心力，最後卻因為無可避免的變化，而感受到無比的痛苦。

這些思想家們進一步指出，與其努力維護一個不可能被維護的東西，倒不如下決心「急流勇退」。

①昔佛在舍衛國祇樹給孤獨園，時有外道梵志，素少子息唯有一子，卒便命終，晝夜追憶不能飲食，脫衣露形在塚啼哭，憶亡兒行來進止處所。是時梵志出舍衛城到祇洹精舍，至世尊所共相問訊在一面坐，是時世尊告梵志曰：「汝今梵志諸根不定心意倒錯，有何事故乃至於是？」梵志白佛：「唯有一子捨我命終，不能逐亡苟存而已，諸根豈能得定意不倒錯耶？少小養育

冀望得力，今便捨我無常，心意懊惱不能去懷，自死已來晝夜追憶不離，食息脱衣露形在塚啼哭 憶行來進止處所。」世尊告曰：「如是！梵志如汝所言，皆由恩愛生愁憂苦惱。」梵志白佛：「不如瞿曇所説，世人恩愛皆生歡樂。」時彼梵志聞佛所説亦不然可，即從坐起儼頭而去。道經戲村見有二人對坐博戲，梵志見已便興斯念：「夫人處世高才智慧博古攬今、敷於幽奥，無有出此博戲之人，我今可以瞿曇所説向彼二人宣耶。」時梵志即向二人説瞿曇所説言教，時彼戲人謂梵志曰：「如是如是，如汝所言，恩愛合會皆生歡樂。」梵志心自生念：「我之所念與彼不異。」即從坐起歡喜踊躍涉道而去。如是展轉聞波斯匿王。時波斯匿王語末利夫人曰：「卿頗聞瞿曇沙門所説，恩愛合會皆生愁憂苦惱耶？」夫人白王：「如王所説，恩愛合會皆生愁憂苦惱。」王告夫人：「汝是瞿曇弟子、瞿曇是汝師，豈得不説恩愛合會生愁憂苦惱耶？末利當知！恩愛合會皆生歡樂喜情内發共相娛樂，何以故説生愁憂苦惱耶？」是時夫人前白言：「願聽微言以自陳啓，若見聽者敢有所宣。」王報夫人：「恣汝所說。」夫人白王：云何大王？頗念婆耆利王女不耶？復念流離大將軍不？復念禹翅刹利夫人不？」王告夫人：「我甚愛念婆耆王女、流離大將軍、禹翅刹利夫人，不去心懷斯須頃。」夫人白王言：「云何大王斯諸人等設當變易，各就後世當有愁憂苦惱不耶？」王告夫人：「彼等諸人變易遷轉，甚懷憂愁痛切叵言。」夫人白言：「王念愛我不？」王報夫人：「甚愛於卿。」夫人白言：「設我遷轉變易不住者，王復當愁憂不？」王告夫人：「甚懷愁憂不去食息，心意倒錯、或成狂病。」「云何大王頗念迦尸拘薩羅國界人民不？」王報夫人：「甚愛敬念，所以然者，如我今日五樂自娛，皆由拘薩羅國界人民得此歡樂。」「云何大王若使拘薩羅國界人民變易遷轉，當生愁憂苦惱不耶？」王告夫人：「若無彼人民則無我身，那得不生愁憂苦惱乎？」「如今大王以自證明，恩愛離苦、怨憎會苦，如來所說正謂此義耳！」

PART 2

情感的力量

讓對方跟你一起坐著「情感」這艘波濤洶湧中
的大船，高興、難過、緊張、「感覺活著」。
當對方為你而情感波動、情緒起伏，
主控權就是在你的手上了。
而掌握主控權，
才能保護自己珍視的東西。

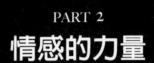

第一章　我們都誤解了真誠

眞誠不是隨心所欲

談到人際關係，我們常會強調要「眞誠」，要能夠向彼此展現眞實的自我。很多政治人物也不時把眞誠抬出來標榜自己，或質疑對手。彷彿與人互動時最重要的唯有眞誠，眞誠是所有關係問題的癥結。

當我們說眞誠對待彼此的時候，好像眞誠是指沒有心機、不經過設計矯飾、不刻意做什麼。聽起來都很正面，其實卻藏有另一面的意思：跟對方相處時，我不想刻意做任何事，我想暢所欲言、爲所欲爲。

有一次，我在咖啡廳聽到隔壁桌的人聊天，他們剛好談起感情問題，引起了我的注意。短頭髮的女生正好在抱怨自己的男友，說男友有時候好像把她當成外人，某些事情不會找她討論，還常常不體貼她的要求或撒嬌，讓這女生偶爾覺得很彆扭。這番話讓一桌男女爭論不休，有人覺得她無理取鬧，也有人覺得就是她男友的問題。

而眞正讓我開始認眞聽的部分，是他們其中一人說出的話：「要找到眞誠以待的人好難」。

究竟什麼是眞誠呢？

我們往往誤解了「眞誠」字面上的意思，眞誠不是「誠實」，不是「不說謊」。眞誠是不虛僞、不虛假，但我們很容易曲解它的意義，以爲眞誠就是一個人不需要刻意去做任何事，或是在別人面前愛做什麼、就做什麼。當我們說希望與對方眞誠相處，我們想要的，其實是一個能夠任由我們無理取鬧、讓我們要賴的對象。

我發現，人的情愛關係存在著一個最大的盲點，也是最大的危機，就是在相處過程中，我們只想要保持自己「孩子氣」的那一面，只有在等到孩子氣的那一面得到滿足之後，才想要展現出對對方的關心和在意。

我們很常聽到這種論調：能夠接受幼稚、單純，甚至充滿缺點的我，才是眞正地愛我。但是，我們都知道，幼稚根本就是「不講理」。

這種所謂「眞誠」的感情，到最後多半會以分崩離析收場，爲什麼？因爲兩個人認爲自己是在向對方展現眞實、自然的一面，都「眞誠」地面對彼此，不需要任何「刻意」去掩飾、包裝。日子一久，這段「毫無刻意成分」的關係，就只剩下兩個都在「做自己」的個體，而感情也就這樣慢慢消逝。

很多人把「爲所欲爲」跟「眞誠」搞混，舉例來說，有些人假日不願意陪伴另一半和家人，只想做自己想做的事，兀自外出登山或埋首打電動。等到另一半開始質疑兩人的關係，覺得對方已經不在乎了，他卻說自己是在「展現眞實的自我」，是眞誠以對。因爲當他跟其他人相處時，都必須刻意去做某些虛僞的事、逢場作戲，對自己的另一半才是眞誠、毫無遮掩。

但這種說法其實是在表達：我想對你耍賴，我不需要在乎你的感受，因爲我就是在對你展現「眞誠」「毫不刻意」的自己，所以你應該要接受我，甚至感謝我！

日常中，情侶之間起衝突，總不乏類似的問題。某一方一直覺得「互相配合」就是在「委屈彼此」，就是「虛僞」，因此強迫對方接受「眞實」的自己，好像這樣就是眞誠，就是最自然的關係。「我跟其他人相處都是心機和矯情，跟你相處才保持眞誠坦白。」一旦對方不合己意，就不停指責對方：「我這麼眞誠對待你，你怎麼還不懂我？」「我的付出，你看不到嗎？」可是，你的付出是你自以爲的，人家哪有可能一看就懂？

這種爭吵屢見不鮮，說穿了，這種情況中所講的眞誠，不過是想「找個人撒野」！這究竟是眞誠，還是無賴？

現代社會推崇個人主義，強調每個人的獨立個體。「獨立」這個詞在英文的原本意涵，是「不受支配的」。換句話說，個人主義強調每個人那「不受支配的眞實本性」，這就是爲什麼現在有這麼多訴求強調「聆聽自己內心的聲音」「跟著自己的感覺走」，這種說法背後的意思，就是我們無論人生經過多少風雨，內在一定有某種東西、某個聲音，不會改變。

然而，正是這種主張，造就了人際關係裡的無力與衝突！或許是因爲生活已經有太多複雜、瑣碎的人事物，導致我們過度讚揚那「看似」原本就存在的、原始而根本的東西，並產生強烈的想像，認爲那個看似「原始」的，就是眞誠，進而認爲這種東西，應該留給自己最重視的對方。如果對方要求我們妥協、配合，反而會使我們感到：我對你展現的眞誠這麼好，結果你不加以珍惜，還希望我刻意做點什麼事，那不就是耍手段、「不眞誠」了嗎？

印度哲學中也曾經討論過這個問題，以非常哲學的方式，不停地辯證所謂的「原始」存在與否，這是一個挺深奧的議題。在這些思辨與論證之中，佛陀曾經對於這樣的理論提出另一種說法、一種讓我們能夠輕易理解的說法——

「任何有作用、有價值的東西，必然來自刻意爲之。自然而然就存在的東西，必然一點價値與作用都沒有。」

感情的維繫需要「刻意練習」

這裡談到「有爲」的功能，「有爲」就是刻意爲之，這種刻意的涵義包括「聚集」「爬高」「出生」等等。「聚」就是把人際關係聚合在一起，而一個不經過聚合、不經過塑造的東西，對我們來說就沒有什麼意義可言。爲什麼？因爲一切對人類有意義的事情，包括各種人際關係，其實都是來自於刻意營造；有刻意，才會創造意義，不然它對我們來說就一點價值都沒有了。

好比我們的戶頭裡如果本來就有兩百萬，可能是父母從我們小時候開始存的，因爲我們沒做什麼就擁有了，說不定不會有太大的感覺。但如果那些錢是我們努力工作賺來的，就會對這些錢特別珍惜，覺得它們很有意義。

舉凡親情、友情、愛情，都需要我們去刻意建立和經營，才會變成密切、良好的互動關係。如果我們刻意地建立了一段關係，卻希望可以不刻意地與對方相處，這根本一點都不合理。

從這個角度來說，眞誠指的其實不是不刻意，而是一種「信念」，換句話說，是需要努力維護以達成的信念。

我們常會聽到許多成功人士說，與人相處時，眞誠是很重要的特質。這些人可能在人際溝通上很厲害，擅長說服別人、與意見相左的對象達成共識，但他們還是強調眞誠的重要性。溝通能力相對來說也許是明確而容易的，只要學習技巧、有點天分就可以達到，可是眞誠不是，眞誠反而是一件複雜、有難度的事情。

很多人感嘆這個社會欠缺眞誠，太過複雜、險惡，有一句很流行的話就這麼說：

「如果可以簡單，誰想要複雜？」

進一步思考，就會發現這句流行語其實是一句「幹話」，似乎有點道理，實質上卻是模稜兩可的廢話！想要保護某種「簡單」「眞誠」，其實一點都不簡單！多半必須使用複雜的手段才能達成。現實中有力量捍衛眞誠的人，很可能正是「複雜的人」。周星馳的電影《九品芝麻官》中，有一句臺詞正是這個道理：貪官很奸詐，那清官就要比貪官更奸詐，才有辦法當清官！

當事者從主觀的角度認爲自己展現了眞誠，從他人的角度來說卻未必如此，甚至根本只是一意孤行的爲所欲爲。就算我跟你臭味相投、很有共鳴，也不見得比話不投機、無法苟同的對象之間「更眞誠」。想要一個眞正簡單、眞誠的關係，就必須接受人際互動的本質是複雜的，有很多層面需要考量。等到我們承認了這一點，才有辦法透過複雜的手段，來保護一段簡單眞誠的關係。如果只想要簡單，以爲隨心所欲是眞誠，那不過是像小孩子在無理取鬧而已。

越是付出，越珍愛

怎樣才能遇見可以與我眞誠以對、眞心相待的人？

這個問題讓我想起一則故事。某個希臘哲學家的學生在課堂上問道：「愛情的眞諦是什麼？」老師回答他，愛情的眞諦很簡單，你現在走去麥田裡，拿一株你覺得最大的麥穗給我。但是，你只能挑一次，而且不能走回頭路，也不能拔別株來換。最後，學生空手而返。

這故事非常好懂，就是在告訴我們，人總是覺得之後會有更好的、未來會有更棒的人在等著我們。而我們就像那個學生，覺得總有一天眞誠的關係會突然出現。

我們都嚮往保留某種眞誠單純的樣貌，然後只給一個人看。除了這個眞誠的本質遭到誤解之外，還誤以爲，眞誠是一旦遇到了、等到了，就可以擁有的事物。爲什麼我們會產生這種蒙昧的嚮往？因爲期待、等待、找到一個能讓你使性子的人，遠比我們去營造一段眞誠的關係來得簡單。

然而，等待、尋找，永遠只會讓人一再失望，坐這山、望那山！相對於等待一個人的到來，積極創造關係裡的厚實豐富才是關鍵。我們必須記得，期待一段珍貴的關係，並不會有這樣的關係來到我們手中，而是透過自己的付出，才因此感受到它是珍貴的。

好比一個各方面條件都優秀的男生，初相識時，我們必然覺得能夠遇到他、甚至與他交往，自己很幸運。但因爲每個人都不可能是完美的，相處過程中必然會發現對方的缺點，不管再怎麼看似完美的對象，遲早會發覺他其實沒有這麼美好。

那這段愛情關係中，眞正珍貴的，到底是什麼？是我們彼此的付出——對方爲我的付出，當然還有我爲他的付出，正是這樣的付出，才構成了珍貴的情誼。

這也一再印證前面印度哲學所強調的：人只會對自己付出的事物，感到珍惜。唾手可得、本來存在的「眞誠」，「含金量」低。就算我們眞的感覺自己「等到了」那個眞命天子，一廂情願把自己的眞誠獻了上去，對方也不會明白這份眞誠有多貴重，因爲他不費吹灰之力就得到了。

更進一步來說，我一直覺得，我們的社會近來盛行一種病態的價值觀，就是「接受自己原本的樣子就好」。從自我認同的角度來說，這句話沒有什麼太大的問題，但是，從另一個層面來看，就是一種鼓勵對他人任性妄爲的思維。可是這種毫不節制、不用努力的東西，哪裡有什麼眞正的價值可言呢？爲什麼我們大家會推崇忍耐、推崇努力，就是因爲那是我們必須刻意去做、投注時間心力才能達到的事情。

舉例來說，注重身材和外表的人，容易被說成是愛慕虛榮，但我認爲，這些重視外表的人，努力維持他們的某種欲望跟理想，他們是透過持續付出才達成他們想要的目標。相對來說，「胖也是一種美」這句話有其潛在的危險。雖然這句話眞正的意思是尊重每個人的個體性，告訴我們不要以單一標準來褒貶人的價值，但就如同「接受自己原本的樣子就好」一樣，這句話的核心邏輯也在暗示我們，眞實的自我就是隨心所欲，不用去刻意達成什麼。

我之所以想特別提醒大家小心這種價值觀，是因爲我們很可能會在這樣的風潮下，無所意識地揚棄了努力，唾棄了刻意與忍耐！但不經努力得到的東西，我們自己絲毫都不會珍惜，這是顯而易見的。

因此，與其把眞誠當作唾手可得、理所當然的事物，倒不如把它當成一個信念，使用方法和手段去刻意達成。這裡指的不是耍心機或是執意強求，而是要選擇時機和方法表露我們的眞誠，千萬別一股腦地把眞誠往人家身上倒。

眞正的眞誠，來自於願意爲對方付出眞實的關心、願意和對方分享自己的內在，但是這種事情一點都不簡單，還非常複雜！我們必須先花時間和心力去了解對方在想些什麼，才會知道該怎麼向對方表露自己的眞誠，而不會扭曲成任性、耍賴。

不論內在的「眞誠」「原始」存在與否，如果一味盲從個人主義的主張、受其擺布，一味外求從天而降或總有一天會到來的珍惜，其實只會給我們創造更多無力跟痛苦。只有努力爭取與付出，人才會感受到一個東西的珍貴——「有爲」方有「功能」，這是印度哲學非常強調的概念。

第二章　掌握人際關係中的主控權

掌握主控權，才能保護珍視的東西

上一章提到，需要運用一點心機與技巧才能達到眞誠的關係，而眞誠也不是平白無故就存在的，必須靠我們不斷付出。

前陣子我非常迷一部歷史劇，叫做《軍師聯盟》，講的是三國時代司馬懿的故事。大部分的歷史劇主要在描述某個歷史事件，這一部則是著重在描寫人與人之間的故事，編劇和演員把那種複雜的人性互動捕捉得非常到位。

我們小時候讀過的三國時代故事中，司馬懿通常是狡猾的大反派。但是，這部以司馬懿的角度來說故事的戲劇，將他刻畫得有血有肉，不再是一個遙遠的大魔王。在《軍師聯盟》中，司馬懿一開始是根本不想從政的，但是爲了保護自己的家人，先是自己的爸爸，再來是哥哥，然後有了家室，爲了要更好地保護更多的人，他不斷往上爬，甚至最後發動政變。為了保護自己珍視的東西，他只好一直努力、一直付出。

除了描寫司馬懿為了保護所愛而付出的心力，這部劇也花了不少篇幅在刻畫司馬懿與他大老婆之間的關係。司馬懿原本只有一個老婆，兩人的感情非常好，但後來皇帝賜他一個二房；表面上是送來一個漂亮女子，實際上是派她去監視司馬懿。司馬懿知道這份「禮物」他不能不收。他不收，他和家人就可能會有性命危險；但他收了，就會傷害到大老婆的心。而大老婆也確實無法接受這件事，她說如果真要娶個二房回來，她不如求去。

司馬懿該怎麼辦呢？不管選哪一邊，都會危害到他珍視的東西。處於這種必須被動地做出選擇的態勢下，他做了一件重新拿回主控權的事。

他很清楚自己必須接受皇帝送來的女子，但不能直接傷了大老婆的心，所以就在老婆面前掏心掏肺，說自己有多麼愛她，多麼重視她，他會回絕皇帝的禮物，然後帶著大家隱居鄉下，不再跟朝廷裡的人攪和。司馬懿會選在這一刻眞誠地袒露他的眞心，是因為他很明白老婆對他的愛有多麼深厚，有多麼支持他的工作，絕對不會願意讓自己成為丈夫人生道路上的絆腳石。

而最後，他老婆眞的願意咬緊牙關退讓，讓司馬懿將二老婆娶回來，解除了一家人可能面對的潛在危機，雖然她還是滿心不願，但看到司馬懿展現出如此專情、不惜爲了她放棄仕途的決心，也讓她或多或少安慰、安心了許多。

雖然劇中沒有明說司馬懿在老婆面前眞心大告白的原因，就是在掌握主控權，但情節的編排確實可以讓我們察覺到這件事。

這一段劇情相當精采。這就是非常精準地詮釋了何謂「人需要使用手段來維護眞誠的關係」的一個例子：司馬懿是想要討二房嗎？不是。但在面臨到內憂外患的情況下，爲了保全家人、顧及自己與妻子的感情，他也只能透過手段，來穩定局面。

這也同時點出了我們在保護自己所重視的關係時，最重要、最需要掌握的一個要素——主控權。

頻繁地社交似乎是現代人生活之必需，有些人甚至深信，自己跟每個朋友的關係可以透過平常的交際，而持續停留在某個位置，能夠維持那樣的溫度而不變動。但後來往往發現，事情不如我們想的那麼美好。在這裡面，有一個很重要的體悟，就是人都會希望自己與別人之間能有平衡的關係，並持續維持，長長久久。特別是在愛情中，更是如此。

但是，人與人之間的關係是最不可能「維持在某一種現狀」的！今天對某一方來說看似是維持現狀，但對另一個人來說可能就不是。他可能付出得比你多，也可能比你少，這導致兩人之間不可能持續維持著某種平衡，一定是雙方不斷改變著這段關係間的平衡狀態。就算有天忽然達到了某種平衡，其中一人也必然會因爲自己身邊環境的各種變化，而在這個暫時平衡的距離上產生改變，使你跟他的關係再度失去平衡。

人際關係最有趣的一點就在這裡，不是有一方比較擔心對方，就是有一方對這段關係比較不安，不可能兩個人都相安無事。

既然不可能達到持續的平衡，那究竟要如何去保護一段珍貴的關係呢？我覺得答案就是像司馬懿一樣，必須掌握關係中的主控權，才有機會保護我們珍惜的事物，不然，就只能讓別人來幫你做決定。如果不積極地去付出、掌握主控權，而是什麼都不刻意的話，就會被這段關係淘汰。

如同上一章不斷強調的：關係中的眞誠是源自於不斷付出，才有辦法達成。從自身的角度來看，只有透過付出，才能讓別人感到眞誠，而從整個關係的角度來看，只有付出、掌握關係中的主控權，才能讓這段關係維護下去。不論是在一段關係開始之前、過程中，甚至於結束一段關係（特別是愛情關係）的時候，最重要的永遠都是主控權。

而這個主控權從何而來呢？來自於「知道對方想要什麼、不想要什麼」。就像前面司馬懿的故事一樣，如果知道對方想要什麼、不想要什麼，就會知道該怎麼讓他想要待在你身邊，甚至是讓對方想要的東西跟你一樣。

不知道對方想要什麼，還一廂情願地把我想要的給對方，然後認爲對方必須接受，我們經常誤把這種一廂情願與眞誠相混淆。可是，眞誠其實除了付出以外，是需要靠一點技巧的，而不是把自己的意念強壓在別人身上。這也正是許多男生抱怨自己被當成「工具人」的源頭——我們壓根不知道對方需要什麼。

主控權是眞誠的防護網

在維護一段眞誠的關係時，掌握主控權，或者說是話語權，可以幫我們控制很多事情，像是某種危機控制，也是保護眞誠的一種「防護網」。

愛情是一種因爲太眞實赤裸而極度脆弱的東西，很容易被雞毛蒜皮的瑣事傷害到。對方的一個行爲或一句話，不論有心無心，有可能一不小心就傷害到兩人之間的關係。但是，一旦掌握了主控權，對方這些言行就傷害不了我，也無法動搖到這段關係。我接下來會舉一個很具體的日常實例，詳細分析所謂「主控權」的表現。

某個我正在賴床的早晨，有一位正在服役的男生朋友打電話給我，崩潰地哭著說女友要跟他分手。我當時請他稍微冷靜一下，先告訴我他們到底爲什麼爭吵。

他告訴我，女友覺得他有時候不夠尊重她，例如她不喜歡兩人通話的最後沒有告別就掛電話，而他是因爲當時正在服役，在晚點名的壓力下，匆匆忙忙就掛了電話，導致女生氣得說要分手。

在這個地方，我們稍微停一下，判斷一件事情：對方是覺得壓力大才想離開，還是覺得不被關注才想離開？兩者的處理方式截然不同。如果是前者，我們必須「收」一點關注，如果是後者，我們必須「放」一點關注。

但一般人不論是哪一種，在這種關頭只會單方面一直求對方回心轉意，就是因爲並未了解主控權的核心是在於「掌握對方的想法」。在這個例子中，很明顯的是第二種狀況，需要多「放」一點關注。

這位朋友接下來很苦惱地跟我說，他女友這次好像真的很生氣、很篤定。我打斷了他，詢問他這個女生平常做事是個怎麼樣的人？是反反覆覆、容易受情緒影響的人；還是是一個做事認眞，沒做好就不休息的人？他告訴我，女友是做事認眞的人。我又詢問了他們平常相處的過程，他告訴我，這個女生爲了與他在一起，甚至不惜從家裡搬出來。

我告訴他不需要緊張。我怎麼判斷的呢？癥結點就在於，如果他的女友是個認眞的人，那她一旦投資了心力，就好像賭徒把籌碼丟下去，下注之後只要有機會，就必定會再追注一樣，不會輕易捨棄。

所以，到這邊爲止，在他們兩人的關係中雖然出現了這樣的衝突，但其實整個局面的主控權是在這個男生手上：因爲對方已經告訴他，自己想要的「需求」是什麼：關注。一旦男方搞清楚了這件事，接下來他就可以左右他倆關係的存續。

就像這樣，主控權是一件細膩且複雜的問題，但我們往往無法注意這件事情，而被一時的局面所迷惑，任人擺布。我們在關係中，眞正應該思考的，是不要被這些表面給迷惑，而要專注去思考、觀察主控權現在是在誰的手上。

再舉例來說，我們常常聽到一段戀愛關係中的某一方，特別是女生，會容易抱怨男生不把自己介紹給他的朋友認識，進而感到不安。不論背後原因是什麼，這樣的不安都正讓這女生，在這段感情中失去主控權。

但更有趣的是，在此同時，如果男生沒有好好審視整個局面、只是單純覺得女生很煩人，而不付諸行動，不論是透過安慰或是妥協來讓「恐懼方」感到在意，這也是在放棄某種主控權、主導整段感情的力量。因爲這樣發展下去，女生往往會因爲過度恐懼與不安，而做出超出男生能夠控制的行爲，不論是大鬧或分手，這時都將很難加以控制、影響。

所以，一段關係中的主控權在誰手上，是非常難摸索、不停游移交換的，有可能因爲某件事情，我把主控權交給對方，但又因爲別的事情，而拿回到自己手上。

握有主控權的人，才能夠把關係主導到你想要維護的方向。如果要讓對方注意到你的付出，想要讓對方繼續跟你在一起、不去找別人，掌握主控權也將會是最重要的關鍵。

掌握主控權不是改變對方，而是避免安逸的狀態

談及主控權的時候，必須搞清楚一件事，就是擁有主控權並不代表我們能改變別人，因爲人永遠無法改變另外一個人。主控權的意思是說，我們在這段關係中，擁有自己「決定距離」的權力，某個角度來說，也是擁有讓別人想要透過改變自己、來滿足你的能力。

拿前面朋友被提分手的例子來看，這位朋友要處理的眞正議題，不在於要女友再也不要對誰先掛電話這件事情生氣，而是：就算她不滿這件事情，也能讓她繼續待在這段關係裡、在你希望她在的位置上。他要處理的問題，是女生的不安感。

要怎麼創造出主控權呢？最重要的第一步，在於「引誘對方進行投資」，也就是讓對方「願意對你付出」。

你不能讓這段關係處於一種過度安逸的狀態，甚至可以說，你得給對方創造難

題、混亂，給對方一個能夠來滿足你、發揮對方能力與優點的舞臺。當對方不會因爲過於安逸而開始覺得這段關係沒有什麼價值時，你就擁有主控權了。

很多人會說，我想要讓另一半一直開開心心的，永遠不要難過、不要感到混亂，因此一直遷就對方。其實，這也就是一直把主控權交出去、一味地滿足對方。

不管在什麼情況下，人一旦安逸，就會尋找其他出口來宣洩熱情和精力。最典型的狀況是，一段過於安逸、什麼都滿足了、沒有起伏的情感關係，只有兩種可能性，一種是對方一直來煩你、對你予取予求，另一種就是他跑去找別人、找更好的舞臺去了。我們必須承認，人生的現實就是如此。你不給他事情做，他就會自己去找別的事情做，而危害到這段關係。

《軍師聯盟》的第二季《龍吟虎嘯》中，就有兩個很好的角色作爲例子。劇中描述三國政權的第二、三代領導人中，兩個鮮明的角色：魏明帝曹叡，和大家耳熟能詳的蜀漢後主阿斗（就是那個扶不起的阿斗）。曹叡的成長環境充滿了鬥爭，在正式成爲太子前，他差一點就被自己的父親給拔掉，等到他上位後，就積極地保護自己的皇權，用政治手腕控制大臣。

相對的，阿斗的生活一直都過得很平穩，莫名其妙、糊里糊塗就變成了皇帝，而事必躬親的諸葛亮也什麼都幫他搞定了，在劇中，他基本上只要耍廢、把把妹、討好「相父」孔明就好了。

我們可能會覺得：阿斗你眞是白痴！要是你上進一點，加上諸葛亮的手腕，還愁不能一統天下嗎？但是，或許答案是相反的：正是因爲諸葛什麼都幫他弄好了，所以阿斗只能把時間拿去幹些有的沒的事情。

如果他是處於一個「自己不做點什麼就完蛋」的狀態，必須努力靠手段、技巧和鬥爭才能保住自己，那就會像曹叡那樣，由自己去掌握局面了。所以老話說：「慈母多敗兒，慈父更多敗兒」，放到感情裡來看也是一樣的。

想像一下，如果你跟一個人交往，他什麼事情都幫你做好了，早上出門前就有早餐，下樓的時候車子也幫你保養好、加好油，要出國時所有的行李都早就打包好，你只要人到就好。不但是生活雜務上幫你打點得服服貼貼，連兩人之間的相處他都幫你搞定一切，特別節日的禮物、要出去玩的旅館、交通方式等等都幫你準備好了。那，你要幹嘛？

看到這裡，或許你就會知道，爲什麼常常有人痛苦地問說：「爲什麼我毫無保留地爲他付出，但他最後卻去找別人？」或許，那是因爲你沒有給他在這段感情中表現的舞臺，不論是表現出撒嬌、霸氣，或是關心的舞臺，都全面地被你占走了，那他還能做什麼？

主控權的用處就是在這裡！當你珍惜一段情感，你就能夠製造出能讓彼此都從關係中獲得些什麼的舞臺。在我們做出任何事情之前，先想一下這個局面中是誰有主控權。主控權不在手上的話，就退讓一點，像司馬懿的老婆一樣；太聽話、過於退讓了，則試著拿回一點主控權，就像我那個鬧分手的朋友。而拿回太多主控權的話，就自己再退讓一點。像一座天平，不斷地擺動、不斷地針對狀況而調整，但就是不能讓感情處於一種波濤不興的狀態。如此一來，反而能讓我們重視的關係維持得久一點、走遠一點。

第三章　如何「創造主控權」

主控權讓我們能從容應付關係中的各種狀況

在一段關係中，我們往往會高估自己的能耐。就像我從過去的交友經驗體會到的，我們都以為自己能夠一直維持著某些關係，卻沒料到很多時候其實已經超過了自己的負荷。很多人以為唯有一味付出，才是維持感情、不讓它失控的方法，但到最後會發現，自己根本做不到不停付出。

人往往會忽略，在一段關係中，除了對方，還有自己。常常只看得到對方，卻看不到自己，導致最後自己不堪負荷，只好草草退出。這指的其實不只是男女交往過程，職場、家庭等各種人際關係都是如此。

所以，在兩個人的關係中的主控權，就更加重要了！掌握主控權時，你才能夠讓這段關係的步調處於一個你覺得舒適的狀態，才能夠從容地經營這段關係，這是與人相處時的通則。

許多人在處理人際關係時，都會慌張匆忙，不論是一味順應對方，還是逼迫對方配合自己，最後難免兩敗俱傷。就像我們在上一章提到的，掌握主控權不是要去強迫人家改變，而是透過了解對方，讓對方自願站在你要的距離的同時，他也會從中獲得他要的東西（或是讓你要的東西也成爲他要的東西）。

這種從容的人際關係，建立在兩個很重要的條件上：第一就是你對於這段感情握有主控權，第二則是你對自己能力的認識。爲什麼要一直強調主控權的重要性？因爲人與人之間的互動是撲朔迷離的，不論是這段感情還是下段感情，這個朋友或那個朋友，都是充滿了變化、不會是一種安穩同一的樣貌。而能否使用主控權拿捏好雙方的距離，不讓彼此有機會過度傷害對方，他靠太近的時候你可以往後退，他往後退太遠的時候你可以拉住他，就是最重要的關鍵。

很多人在進入一段關係之後，便站在一個點上動也不動，然後以爲這樣就能天下太平、歡喜度日。就好像一家公司的老闆覺得自己對員工很和善，員工應該沒什麼好抱怨的，但結果沒多久，員工就辭職了。不論員工辭職的理由是什麼，這老闆誤解了什麼呢？就是他以為這個員工在他身邊看起來沒什麼事、覺得已經給予他足夠的東西，就不再好好關照他了。殊不知，老闆覺得穩定了，但員工的欲望與需求或許也隨著時間膨脹，天平於是暫時「失衡」，彼此間的距離早就被這膨脹給疏遠。像這個老闆這種自以為擁有主控權的誤解，就是對一段關係最危險的狀況。

我們永遠都要不停思考主控權現在是在哪一方手上，如果不思考，你在這段關係的位置很快就會被其他人或其他事物取代。

掌握主控權的條件

討論了這麼多主控權的重要性，那到底要什麼樣的條件才能「創造主控權」呢？也許有人會以為，擁有主控權就好像擁有某種證照，但它其實不是一個人可以去「擁有」的事物、或是人天生具備的特質。「主控權」跟「影響力」不太一樣，影響力是外顯的，某種程度上可以說是主控權的一種表現，例如說讓別人崇拜你的工作能力很強，或是你有外表很好看、頭腦很聰明、很會說話的特質等等，有很多種面向，但不論是哪一種面向，這種影響力之所以可以發揮作用，讓你拿到主控權，永遠都先是因爲「對方的目光在你身上」。

很多人以爲自己認識很多人，可以影響、幫助很多人，就是很厲害，就叫做有主控權，但放到一段關係裡來看，如果對方根本不在意你這些能力或特質，認識一千個人又有什麼用？

如果對方根本不在意你，你就失去主控權了。

從這個角度來看，要在一段關係中掌握主控權的第一步，就是要讓對方在意你、願意「投資」你，也就是讓對方願意對你付出。

我們跟人的互動關係的發展，可以大致分爲三個主要階段：

- 第一，兩個人一起討論同一件客觀的事情
- 第二，兩個人把視角投注在對方身上
- 第三，兩個人把視角投注在對方的感受上

兩個人從一開始的不認識到逐漸熟悉彼此，主要就是經過這三個階段。要讓對方願意對你付出、拿到關係中的主控權，最主要的方法就是透過前面這三個階段，讓對方把關注聚焦在你身上。

簡單來說，就是要讓對方對你的事情、你的感受，感到有興趣與責任。

一開始，是兩個人先對「同一件事情」有興趣，再來是對「對方的事情」產生興趣，然後是對「對方本身」有興趣。所以，最開頭的那件事情就非常重要了。

一般人常說，想建立一段關係，要先要找到共通的興趣。但是，我們也必須先搞清楚，共通的興趣不是指共通的話題，不是只有可以「聊」的東西，而是一件你們兩個都會「做」、而且有機會可以一起做的事。

找不到的話，我強烈建議就不要對這段關係投入任何心力了。因爲，如果兩人眞的沒有一點共通的興趣，你現在因爲一時衝動一頭栽進這段關係裡，之後爲了要維護這段關係，你就得勉強自己投入非常多心力、精力與資源，去做一些你平常根本不會做的事情，徒增痛苦。

拿到主控權的另一個要點，就是要讓對方對你產生「感受」，也就是情緒。

目標是讓對方在關係發展的三個階段中，對你本身逐漸產生關注與在意。當對方不只對你的感受產生興趣，而是對「你」產生情緒的話，就可以開始拿到主控權了。

其實討論主控權的整個過程，就只有兩個重點：第一是他在不在意這件事情、在不在意你的感受；第二就是他自己怎麼看待這件事。要盡可能不使對方處於平靜的狀態，如果你只會讓對方感到冷靜、無動於衷，就表示你這個人對他來說是無關緊要的。

但是，這並不是說要讓對方討厭你，很多人都還以爲人跟人的互動，特別是愛情關係的互動，還跟我們是小屁孩學生的時候一樣，以爲對方表現出討厭你的樣子，就是在意你、喜歡你。

在一段關係裡，你要讓對方跟你一起受到某種情緒、情感的影響，因爲你而陷在某種情緒裡，爲你而生氣、快樂、悲傷、憤怒。當你讓對方因爲你而陷入某種情感時，你基本上就已經在把主控權拉在手上了。這一步很好理解，只要想想看，我們在看連續劇的時候，都是怎麼判斷女主角愛上男主角呢？就是當女主角因爲男主角做了什麼而感到生氣的時候。

為了要達到這一步，我們首先一定要跟對方分享自己的情感，不然對方要怎麼開始在意你的感受，進而對你這個人產生情感呢？我覺得華人特別需要注重這一點，因為我們的社會很少鼓勵我們分享情感，我們也極不擅長。

讓對方跟你一起坐上「情感」這艘波濤洶湧中的大船

在這裡，又可以對「感受」和「情感」進一步加以探討。我們往往分不清楚「感受」與「情感」的差異，比如在一段男女關係中，我們會不希望對方難過、不希望對方生氣或是不希望對方感到不適，特別是現代女權主義抬頭，許多女主持人、女性網紅，都會提倡某種「疼愛另一半」的主張，讓男生傻傻地以為，只要對對方好，就能萬事太平。

為什麼分清楚「感受」與「情感」很重要？因為這與經營一段關係時吸引對方投入關注做出「投資」有非常重要的關連。

印度哲學中認為，討厭和生氣不是一種「情感」，而是一種「感受」。感受是一種相對消極的東西，但是「憤怒」就是一種情感，而情感是很積極的。舉例來說，「憤怒」帶有某種「我想要對他做點什麼」「我想要講清楚」的動力，但是討厭和生氣只是內心的一種感受。

情感會包含一種積極的動力，讓我們想要去付諸某些行動，而在一段關係中，讓對方因爲「情感」而付諸行動，就是在誘使對方「投資」、付出。

這就是爲什麼，在一段關係中，讓對方與你產生情感上的共鳴這麼重要。讓對方對你的情感有所在意，進而在意你這個人。

很多時候我們會不小心就走歪了。有些人會變得一味地討好對方（工具人就是這麼來的），有些人又一味地只會惹火對方。

所謂情感共鳴，是必須讓對方跟你一起坐著「情感」這艘波濤洶湧中的大船，有時候高興、難過、緊張、刺激。唯有這麼做，兩個人才能在這段關係中是開心的。所謂的開心就是「感覺活著」。而我們人類要感覺自己是活著的，就需要有情感的波動，才會產生這種感覺。

現在有些書籍或網路文章會教你「愛上吵架」，也是類似的道理。因爲吵架這件事除了提供一種溝通的契機之外，它本身就是一種情感上的激動與交流。有情感上的激動與交流，都比一灘死水好得多。很多人會覺得爲什麼交往還要吵架，但是我們就是得接受，我們是在跟另一個完全不同的人密切相處，吵架這種溝通方式是必然會發生的。

有一次，我在和幾個朋友逛街的時候，其中一位朋友突然非常生氣地掛上電話。一問之下才知道，他的女友打電話來跟他抱怨職場上發生的不快，而那位朋友提議了幾個解決方案，沒想到他女友竟然不爽地罵他沒有同理心，直接掛他電話。

朋友不悅地跟我們抱怨他女友的行爲，但這時候我就舉了一個例子給他聽：

有個科學實驗，內容是把一隻還沒斷奶的小猴子跟媽媽分開，關到另一個籠子裡。籠子裡有兩隻假的母猴娃娃，一隻是拿著奶瓶的金屬母猴，另一隻則是手上什麼都沒拿的絨毛母猴。當然，第二隻絨毛母猴感覺起來比較像牠眞正的媽媽。

科學家想知道，這隻小猴子會選擇有奶水的金屬母猴，還是沒有奶、但是比較像媽媽的絨毛母猴呢？幾個朋友大多數都猜小猴子會爲了喝奶，選擇金屬製的母猴。

實驗結果是：每一隻參與實驗的小猴子都選擇緊緊抱住那隻絨毛母猴娃娃，哪怕他知道那隻母猴沒有奶水、哪怕他知道那隻母猴不一定是眞的。

爲什麼呢？

這個實驗的原本目的，就是在證明哺乳類動物非常需要擁抱等等情感互動所帶來的安全感，某種程度上，這種需求甚至勝過對食物的需求。而人類也是哺乳類動物，所以也是非常需要情感交流的一種動物。

講完這個實驗，我就跟那位不爽女友抱怨的朋友說，你女友很愛「靠北」，卻不一定想要聽到實際的解決方案，其實抱怨這個行爲本身，只是在追求情感交流，不一定是想要聽到理性解決方案的。她想做的就是「靠北」，因爲這是人類的天性，只不過我們其他人沒有處在那個問題的當下，所以才不會像當事者一樣有那麼多情緒。

而爲什麼他女友不是選擇跟自己的閨蜜抱怨，而是找男友，就是因爲我們都會優先選擇跟親近的人情感交流，而不是其他人。

在物質主義盛行的現代，各種媒體廣告、網路傳媒，似乎都強調「物質」與「誠意」之間的重要性：如果得罪了女友，就該買一個包包送給她。更高端一點的是「經驗形式」的物質主義：帶對方出國玩、去吃大餐等等，這些不是具體的物質，而是用某種經驗，來表達自己的誠意。

這種氛圍中，最可悲的是我們忘記了人類作爲萬物之靈，對於情感交流的重視與需求：連一隻猴子都有那樣的需求了，更何況是人類呢？

鼎鼎大名的需求層次理論中，馬斯洛（Abraham Maslow）將人類的需求，由基本到進階、由下到上建構整理，包括生理、安全、隸屬與愛、自尊、自我實現與自我超越。同樣的，在一段關係中，這些東西也是需要被堅固的：如果我們在關係中得到的，只是物質形式的滿足，卻沒有情感上的交流，那是無法眞正得到滿足的。

印度哲學中也有相對應的理論。印度哲學認爲，人的生理、心理，甚至最細微的意識，都需要被照顧，就像進食一樣。而這種「食」中，包括生理的飲食、接觸性的享受，與內心的感性經驗，越後者越微細、但也越重要。

如果我們不停地餵養物質享受，卻缺乏深層的情感交流，那這樣的一段關係，終究會越來越乏味、乾涸。

創造情感共鳴的一方，就是握有主控權的人

我們在生活中常會看到一種人，他跟異性的關係非常好，而且就算對方有了另一半，還是會想要多花點時間跟這種人相處。我們通常最直接的反應就是，那這種人很不要臉，明明知道別人有另一半還回應、「招惹」人家。

但是仔細看就會發現，這種人有個很大的特點，是擅於鼓動別人的情感，能夠讓別人一直「陷在情緒的波動中」。緊張、刺激、開心、生氣，各種五味雜陳的情緒。這對大部分的人來說是非常重要，也無法抵抗的，就是因爲這讓人感到「活著」與「激情」。這種情緒的波動有時候就跟上癮一樣，一旦吃習慣了，就很難離開。

這就是爲什麼這種人就算甩了對方，但當他們一旦再次找對方互動時，對方馬上就有回應。

在人際的互動中，所謂的主控權，很多時候就體現在你有沒有辦法製造激情？有沒有辦法達成情感上的共鳴？

人與人的關係多數其實是建立在情感上的。有時候我們會覺得很多關係的基礎是

利益交換，但更多時候其實是基於情感互動。

我們想跟另外一個人相處，多半不是因爲對方家世很好或他很聰明，而是因爲在情感上，我們覺得這段關係令我們感到開心，不論是朋友還是情人都一樣。所以，情感的共鳴是最重要的，而那個能創造情感共鳴的人，就是握有主控權的人。

你能夠讓對方開心嗎？

你能夠讓對方爲你難過嗎？

你能夠讓對方爲你生氣嗎？

不論任何情感，只要能讓對方對你產生情感，你就開始占上風。

別以爲物質主義推崇的那套享受與送禮能帶來一段和諧的相處，要眞正讓兩人走得長遠，莫過於情感上的共鳴，這正是印度哲學一再強調的。

第四章　不進則退、無常的人際關係

穩定的關係是不進則退

前陣子，有位一段時間沒有連絡的朋友忽然打電話給我。他是那種沒事不會特別保持連絡的人，所以我一看來電顯示是他的名字，就馬上接起來，準備聽他說發生了什麼事。果不其然，我電話一接起來，就聽到他在哭。原來，他那個已經交往近十年的女朋友，突然在前一個月跟他提出分手。

他告訴我，他不敢相信這是眞的，以爲女友只是因爲工作壓力太大，才會一時說出氣話。沒想到，這一個月來他女友幾乎斷絕跟他的連絡，不論怎麼打給她、傳訊息，甚至找朋友幫忙傳話，她都沒有什麼回應。簡單來說，就是她聽起來心意已決。

我這位朋友因此這一整個月以來過得渾渾噩噩，每天晚上都睡不太著，上班時也沒辦法好好工作。他不知道爲什麼這將近十年的感情，一夕之間就這樣沒了。

我想我們每個人在人生中，總會遇過幾次這種經驗。不論是身邊的朋友，甚至是自己的父母，還是我們自己，都肯定發生過這種事：多年交往的伴侶或是多年的好朋友，原本以爲還可以繼續相處很久，沒想到突然就散了。

我們常常把「天下沒有不散的筵席」掛在嘴邊，都快講爛了，可是我們好像都沒有眞的把這句話放在心上。

在前面的章節中，我們曾提到印度哲學認爲，包括一段關係在內的一切珍貴事物，都是「有爲」、就是必須刻意爲之的。有爲有很多特性，包括我們剛剛說的刻意爲之、包括掌握主控權才能創造有爲，其中一個很大的特性，叫做「聚際必散」。

什麼叫做「聚際必散」？就是所有的相會、終究會分離。不只是相會，所有刻意爲之的東西，終究都會分離、消散、崩解。爲什麼呢？因爲我們刻意爲之的聚集，其實是「不自然」的。

在第一部分我們談到過，印度哲學認爲「生」是不自然的、是刻意的，因此終究會以「死」作爲自然的終結。就像平靜的湖泊中，一旦刻意激起一個浪濤，正因爲本來是沒有浪濤存在的，所以這個浪濤終究也會回歸消失。從湖泊的角度來看，這個消失的過程是回歸本來；從浪濤的角度來看，這個消失就是滅亡。

再舉例來說，我們把陶土做成陶瓷的杯子，但它原本就是土，不是杯子，是我們故意把它做成杯子的，而只要一不小心，或是時間一久，杯子就會碎裂、分裂。

這種不自然、「人爲」、刻意的事物，終究有個有效期限，就跟我們在前面講到的生死一樣。等我們不刻意去維護它的時候，就必定會消散。但當我們面對任何「有爲」，都有一個盲點，就是忘記它會「散」，因而忘記去維護它。所謂的不進則退就是如此，你不去積極維護它聚合的狀態，它就會退步、往瓦解的方向前進。

另一個特性，叫做「必有增減」。意思是所有無常的事物都是波動的，只有不斷去增加，才能保證不會減少。我們不可能讓所有事情維持現況的不變，特別是人際關係，如果不去增加關係的熱度、不拉近彼此的距離，或是掌握關係的主控權，那唯一的結局就只有被動地退後、關係的緊密度被動地減少。

回到那個朋友身上，在那通電話裡，我請他先冷靜一下後，便問他過去這幾年他們的相處方式。原來，這幾年因爲女友在職場上非常拚命，壓力很大，而我朋友又不跟她住在同一個城市，再加上已經交往很久了，沒有像熱戀期一樣那麼常常相處。

所以，他們平常聊天的話題，不過就是繞著生活瑣事打轉，問問工作累嗎？吃過飯了沒？是不是很累要早點睡？

我問他，你這樣跟Siri有什麼兩樣？難道沒有什麼別的話可以講了嗎？比如說偶爾來點情趣之類的。朋友回答說，都老夫老妻了，穩定的感情不就是生活柴米油鹽醋嘛。

這就是問題所在。我們現在很多人都很推崇「穩定的關係」，認爲只要找到一個可以長久交往的對象，就不需要那些「麻煩的」情感刺激了。

但是，就如同我們在前面章節所說的，這些「麻煩的」情感刺激，才能創造出回憶、達成交流，而這些情感製造出來的產物，正是我們在一段人際關係中不可或缺的基礎。每個人都需要情感交流、需要情感的宣洩與波動，才會覺得是開心的、活著的，那爲什麼我們一講到穩定關係的時候，就覺得這些東西變得不必要了呢？

一旦不再刻意製造情感波動，不再刻意維持一種有意義的互動時，這段關係就會失去價值與意義，最後就會消散。我們不能天眞地以爲，當一個默默守護在對方身邊的人，對方就會主動注意到你的付出，而是要積極地跟對方產生各種情感上的互動。

想要和諧的關係，必須主動出擊

我們都希望關係是和諧的，尤其華人又特別喜歡講「以和為貴」。但是，我們常會用很消極的方式維護所謂的和諧。例如很多人會一味地順著另一方，每次遇到意見不合的時候，就趕快退讓，避免吵架。

「避免吵架」「不要為了一件事傷感情」是大部分人都有的思考盲點。我們在前面說過，「吵架」除了提供情感上的激動與交流，也是展開溝通的契機，而反過來說，如果會因為吵架而使一段關係瓦解的話，那也表示兩人的關係其實並不怎麼扎實。

我以前有時候會跟幾個朋友出去喝酒，但我酒量不好，其他朋友酒量比我好得多。很多人在喝茫的時候都會講一些無謂的「幹話」，例如「不喝了這杯，就不是兄弟！」我常常給他們的回應就是：「我倆的兄弟關係，難道就建立在這杯酒上嗎？」當然，我知道朋友只是在講「幹話」，如果是喝醉的時候亂講就算了，但很多時候，人在日常生活中是很容易會講出這種話的，而且還不是別人對我們講，而是我們自己對自己講！

我們常常會想：他會不會因爲這件事情就不喜歡我了？但是，如果對方會因爲這件事情就不喜歡你，那也就代表他其實不適合跟你相處。

我們很多時候是爲了人與人之間的和諧而做出一些不像自己的行爲，但必須留意，你爲對方太過著想是沒有用的。我以前曾經帶一批學生，早期的時候，他們是跟我一起研究藏文文法，沒有太多宗教的成份。後來，當我開始要推廣跟宗教有關的內容的時候，因爲這批學生跟了我很久，所以我也就優先把他們拉進來跟我一起合作。

一段時間後，問題逐一慢慢浮現，比如說，當我希望他們來參加或協助一些活動時，都會詢問他們，但其中有些人沒有太大的興趣，也懷疑我是不是開始把重心放在宗教推廣，而不想再把心思花在藏文研究上面？

從我的角度來說，我當時就覺得，因爲有這麼深厚的情誼，所以我才特別把你們排在第一位，爲什麼你們不領情？

在這過程中，我們雙方都犯了一個所有人最常在人際關係中犯的錯誤。有時候我們對對方做的事情可能沒有那麼大的興趣，但收到對方邀請的時候，基於人情關係，我們就同意參與了。在帶著這批學生跟我一起推廣的過程中，我也發現，其實他們並不是最適合做這件事的人，但基於人情關係，我還是持續優先詢問他們。這導致我們最後兩邊都覺得吃力、不是那麼開心，也開始對彼此有點生氣。

我們往往顧及到彼此感情的和諧而一直退讓，但其實和諧的本質就是「念舊情」，而念舊情卻不能解決所有問題，也不能無限上綱到每一件事情上。

印度哲學認爲，人的痛苦跟掙扎，很多時候就是來自於「想要保有舊情」：特別是我們付出的越多，就越捨不得。從印度哲學來看，這樣的過程稱爲「愛」：印度哲學認爲，「愛」的一個很大的特性，就是不捨、無法放棄，無法接受即將到來的改變，特別是我們已經爲了這段相處投注了許多精力和時間。

以我與學生的例子來說，我們原本相處得很好，彼此都不希望因爲我開始忙別的事情，而失去好好相處的關係。這不正是一種安於現狀以及希望能安於現狀的心態？而這也就是最後讓我們雙方痛苦的原因。

從溝通的角度來看時，追求和諧，某種程度上也就是追求現況的不變：我們不願去製造對立、不願去分辨。南非的大主教圖圖（Desmond M. Tutu）曾經說過，他在處理轉型正義時，有個很重要的核心論述，也就是「眞相和解」。意思是說，和解來自於對眞相的認識，在沒有去了解眞相之前，一切看似走向「和諧」的結果，不過是一場夢而已。

在人際關係裡，道理也是類似的。雖然在本書第一部曾經談過，有時候人最需要的不是眞相，而是安心，但也有很多時候，眞正的和諧是必須先從了解眞相開始，也就是「對方心裡的眞相」。

一段快樂、平衡的關係，並不是來自於我們以爲吵架或意見不合可能會怎樣，所以我們要和諧、要和平相處，不是這種「我以爲」或「我想像」：我們要追求的是眞相，而不是想像。「眞相」是透過觀察可以得來的結果，但「想像」則完全出自於我們心裡的揣測。但正因爲一段關係，需要至少兩個人一起合作，所以其中的和諧可就不是一種想像出來的東西。例如說我們常常覺得自己不幫朋友的什麼忙的話，關係就會破滅，但這個關係破滅的「結果」是我們想像出來的，而接下來我們這種勉強自己去迎合對方而產生的「和諧」，也是我們想像出來的。所以這種海市蜃樓的和諧只是暫時的，因爲純粹出自於想像，而不是建立在眞實的觀察上。

我有一位中國的同事，有一次我交代他一件待辦事項過了好幾天都沒有下文，我就質問他說他到底在忙什麼、怎麼這麼混。結果他告訴我，因爲中國馬上要放國慶假期，所以他沒有繼續進行。

這是一件非常單純的事，但在我們釐清眞實的狀況之前，我一直懷疑他是不是因爲我們已經合作了很久而故意偷懶。其實很多時候，眞正的放下或和諧，是在了解眞相之後才會產生的。所以，相對於隱忍的和諧，我們更應該做的事情是積極地去了解實情，才可能達到眞正的和諧。積極地去做某件事情是基於對眞相的追求，而不是活在自己的想像之中。

關係的破滅

當我們把眼光放在積極地經營關係、追求眞正的和諧時，還是不能忘記聚際必散的現實，也就是一段關係始終都有期限。

我在網路上最常收到大家詢問關於感情的問題之一，就是要怎麼挽回求去的另一半。每次看到這種問題我都會有點無奈。

前面提到了這麼多關於努力與刻意，但我們必須謹記在心：所有努力的東西終究會結束。這個東西可以用不同的方式延續下去，但原本的形式一定會結束、瓦解。爲什麼呢？因爲每一個人都會隨著時間變化與成長，而我們現在的樣貌可能對彼此來說是適合的，但在一起幾年後可能就不適合了，不論再怎麼努力維持都一樣。

很多人沒有好好認知到這一點，所以會在關係結束時拚命想挽回對方，但是對方就是已經無法再用原本的形式跟你保持關係了，挽回又怎麼可能成功呢？這就是爲什麼很多人挽回失敗的經驗不脫三個階段：先答應對方自己會改變，結果一陣子後故態復萌，最後再度分手。再慘烈一點的就是分分合合好多次，最後還是無疾而終。眞正成功挽回的例子少之又少，而且是眞的付出極大的心力用力改變自己，才有可能讓對方回心轉意，但常常這種關係就算能夠延續，品質也很難回到當初。

所以，不論是生命還是跟別人的關係，刻意營造的東西會終結，這是一個很現實的事情，我們一定要去學習接受這件事。但是一件人事物終結了，不代表我們不能讓它以別的方式存續下去，而是我們得接受「必須改變」的現實。我們常常也會看到另一種例子，就是一對分手的情侶過了幾年後再度重逢，然後又在一起了。這種例子不是童話情節，而是可能眞實發生的：正因爲當我們能以一個新的方式或嶄新的姿態再次出現時，會遠比維持當初那原樣還有魅力。對方已經對你原本的樣子失去興趣，而若這時還想繼續舊有的形式，豈不是徒勞嗎？

這件事情可以套用在任何形式的人際關係上，不論是跟家人、同事、朋友或戀人，皆是如此。

關係中的共同目標

回到前面的例子：我們用陶土捏一個杯子，是爲了裝水；把木頭做成桌子，是爲了放置物品；電腦的發明，是爲了幫我們同時處理、運算各種事情……我們創造了這些事物，都必然有其目的，不論實用與否，這就是印度哲學介紹「有爲」時談到有爲的第三個特性：引攝自果。這句話的意思，就是所有刻意創造出來的東西，都一定有個原因或目的。

放到人際關係來看，最有趣的例子就是我們常說的「狡兔死、走狗烹」的故事。很多人一開始會爲了同一件事情而合作，事情完成之前都還能和睦相處，但一旦達到目的之後，就開始互相內鬥。而他們一開始之所以能夠保持良好的關係，是因爲有一個共同目的，等到共同目的消失之後，關係也隨之結束。

人際關係上也是一樣，兩個人之間必須要創造一個共同目的，讓對方來追求、跟你一起往前走，否則只是「在一起」的話，因爲沒有任何目的可言，那就很容易導致分離。我在開頭提到那位被提分手的朋友就是犯了類似的錯誤。他因爲對於交往很久的關係感到太過於心安，因此到了後期，除了問候之外，兩人的相處已經沒有共同的目的可言。

不論相不相信可以達成那個目的，我們一定得提出一個目標、一個「故事」：一起完成什麼事、一起成長爲更好的人、一起邁入下一個人生階段——不論再微小的事物，都可以成爲兩人共通的目的，這段關係才能持續下去。

許多人在一段關係很久以後，漸漸失去了熱情，開始不再關注對方，導致許多摩擦與爭執。因此現在社會上有許多「感情專家」，告訴我們如何經營一段感情。然而，印度哲學告訴我們，不論是感情也好、事業也好、甚至於我們自己的人生也好，正因爲它的出現、到來是出於我們刻意爲之，所以我們不但必須持續經營它、不可鬆懈，更具體來說，還要爲它找到、或創造一個目的，才能讓這段關係「引攝自果」。

如果只是照著一般感情專家的建議，專注在對方身上，卻不是看著兩人共同的未來，那這樣的關係終究會在時間中磨滅掉。

第五章　愛自己？不如好好認識自己

愛自己，就能得到他人的愛？

在一段關係終結的時候，特別是陷入失戀的痛苦時，身邊的朋友常會這麼安慰我們：「不要再去想不值得的人，要先對自己好一點、多愛自己一點。」

其實我一直都這句話感到很疑惑。

這句話的意思可以這麼解讀：我們要先愛自己原有的樣子，接下來才可能會遇到更好的人，才能得到更值得的人的愛。

但是，如果我們「愛自己」的最終目標是「得到別人的愛」，那其實這兩者之間是沒有什麼關連的。

說得殘酷一點，很多人在講這句話的時候，其實多半是因爲自己對別人的愛得不到回應，不知道該怎麼辦，只好說那就來愛自己吧。

我們在前面的章節提到過，在印度哲學中，認爲「愛」很重要的一個特性就是不捨、也就是留戀於過去。當我們在說「愛自己」的時候，這樣的思維會有一個很致命的破綻，就是留戀、想要保護自己原本的狀態。

但是，保護自己原來的樣貌，眞的能夠讓我們得到想要的東西嗎？

放到戀愛關係中來說，如果雙方現有的狀態不再適合彼此，那又要怎麼再繼續經營下去呢？用極端一點的角度來說，假如一個人的人生只想維護自己原本的樣子，不打算有任何犧牲，那他再怎麼愛自己，也不會有別人喜歡他的。

這種「愛自己」的想法，某種角度來說就是更強化版的「安於現狀」，不但無法幫助我們維持原有的關係，也無法讓我們好好認識自己、進而面對所有事物必然迎來的改變。

很多人在談感情時，都會有一種矛盾，就是在想要爲對方做一些事的同時，會覺得如果這樣做就不是自己了、跟原本自己的作法不一樣了。這種矛盾背後的邏輯，就是我們覺得如果不保護自己原本的樣子、不「愛自己」的話，就可能會受到傷害，如果對自己好一點，就不會受傷了。但眞的是如此嗎？

我們都已經知道，不斷變化、無常的人生中，改變與傷害都是不可避免的，因此，最重要的是如何在不斷波動的各種人際關係中保持坦然與自在。但是，這種坦然跟「愛自己」是完全不一樣的。

我們一般會說越是無欲無求的人越能夠自在、坦然，並不是指不要去追求任何事物，而是不要去要求事物照著自己的意思發展。我們最多能做到的，就只有想辦法掌握主控權，找到自己在關係中最舒適的位置，然後不斷努力付出、維護兩人之間的關係。

依賴外在的東西，還是依靠自己的內心？

那到底現在主流的「愛自己」的理論又有什麼問題呢？在網路上，可以看到很多討論文章，大抵上都是在說不要爲另一半妥協，而是要自己過著很好的生活、維持自己的生活品質，而唯有對方配得起自己，才適合在一起。

這種論調的本質，其實就是在給自己加上更多標籤、更多期待，告訴自己「應該要這樣做才比較好」，而這種思維其實跟消費文化息息相關，因爲大多數所謂「愛自己」的表現，根本就是體現在消費行爲上。

不論是買東西犒賞自己、享受高級按摩服務、來一趟充實的旅行、吃一頓大餐，都是透過外在物質來讓自己「過得更好」。

但是，正因爲很多人沒有在自己的人生中發現快樂的能力，才必須透過不停地「愛自己」，靠外在的事物給予自己某種快樂感。我們想要別人的愛與關注卻得不到，就放棄對人際關係的耕耘，轉而投資到工作或物質生活上，但兩者並沒有任何差別，都是必須要依賴外在的東西，才有辦法得到快樂、得到愛。

一方面，這是跟現代消費文化盛行有關，而從另外一個層面來說，就是如果一直把外在事物當作獲得快樂的手段，就只能獲得短暫的滿足感。就好像一直吃漢堡喝可樂，卻其實根本攝取不到足夠的營養，因此很快又感到飢餓，而漸漸地味覺也會被麻痺，難以品嘗眞正美味營養的食物。

這種對外在事物的依賴就跟對咖啡因上癮是同樣的道理，很多人對咖啡因的刺激產生依賴，沒有咖啡就沒辦法開始一天的生活，最後喝的量越來越大，也越來越傷身。但眞正的體力，其實是來自規律的運動和健康的飮食，才能讓我們保有良好穩定的身心狀態，而不需要一直倚賴咖啡因的刺激。

同理，眞正的快樂來自坦然自在的心態，不是接受外在事物的刺激。

所以，當我們說要「愛自己」的時候，不如說我們來「放過自己」吧。不要再把外在的標籤強加在自己身上，以爲這樣就是對自己好。

主流的「愛自己」很容易使我們無法進步、困在舉步不前的現實中，因爲那些向外尋求快樂的方法，都無法讓我們將目光導向自己、審視自己。有些人透過追求物質生活，也有人透過學習某個新技能或語言，大家「愛自己」的標準和方法都不太一樣，但大抵上來說，我們永遠得不停自問：這樣做能不能強化自己的內在？還是只是改變了自己的外在生活？

總之，所謂「愛自己」的論調之所以如此盛行，我認爲是受到物質主義、消費主義的影響，鼓勵我們透過各種「消費」，來購買各種「物質」與「享受」，用這樣的方式愛自己。但是，這種自我愛憐的方式，跟上一章所說的一樣，只不過是用很初階的物質來餵食我們的心靈，這卻根本不是我們的心靈需要的！

認識自己在賣什麼「招牌菜」

當我們能夠把目光轉向自己，而非向外在的人事物尋求愛與滿足時，就是踏向自在與坦然的第一步。

而在了解自己之前，我們都必須先認知到一件事，就是我們每個人都是很多東西的綜合體。在這個社會中，我們已經太習慣用單一項目檢視所有人，不論是看學業成就、看外表、看家世背景，都是在試圖簡化每個人自身的複雜性。但眞實的情況是，每個人都是由各式各樣的東西組合而成，不論是優點還是缺點。

因此，當我們太過頻繁地說「愛自己」、特別是尋求物質享受的時候，會讓自己在與人互動時，不太願意去調整自己原本的狀態，進而在遇到挫折的時候，轉而向其他外在的東西尋求解答。所以，相對於「愛自己」，更好的解決方法反而是先去認清自己的全貌，也就是搞清楚自己的優缺點：一個認識自己優缺點的人，才能夠適時在人際互動中，發揮自己的長處。例如一個比較敏感、較能察覺他人情緒的人，便能掌握互動過程中的情緒波動，避免紛爭或引發對方的熱情。而清楚自己缺點的人，也較能避免讓自己的不足之處危害到與他人的關係。

掌握到自己究竟是由哪些特性組合而成之後，下一步就是要認識自己的獨特性。這也是印度哲學在討論形上問題時，分類事物的一大特色：印度哲學喜歡透過定義每個事物的特性，來判定他們的特質，例如火的特性是燃燒，但火當然也還會有許多不同的種類、顏色、溫度、強度等等不同特色，但是，所有的火都必須擁有、共享的特質，就是燃燒——我們不會看到「不燃燒的火」。這種最大的特性，在印度哲學中稱爲「自相」，也就是不與他人共享的獨特性。

萬事萬物都有它的特性，因此才有具體的作用，不論是火、水、空氣，皆是如此。放到人身上來說，如果我們沒有掌握自己的特性，就無法知道自己的作用是什麼、施力點在哪，那就很難去達成我們想做的事情，更遑論成功。

尋找自己的獨特性，其實就是在發掘自己的優勢是什麼。就好像一家公司一定是主推最強的產品，也就是「招牌菜」——一個別的產品無法取代的東西，不論是功能、價格優勢還是設計風格。蘋果公司的創辦人賈伯斯雖然在人際關係上大大失敗，但沒有人會否認他對電子產品美學和操作性方面的貢獻。

不可否認，不論是在私生活或工作職場上，每個人都會有能力有所不及的地方，但最重要的地方在於你有沒有辦法發揮你強的一面，而不被你的弱點拉著走？

我們往往太過理想，想要把每一方面的能力提升到均等的程度，既要當個人見人愛的好人，又要在工作上盡善盡美，但我們也心知肚明這是不可能的，因爲只要身而爲人，就不可能完美。

不過，正因爲我們不完美，所以每個人肯定都有獨一無二的特質，是其他人沒辦法取代的。如同蘋果公司生產的電腦不是市面上性能最強的，但他們的產品就是有其他品牌的電腦無法取代之處，才會有這麼多人購買。因此，最重要的關鍵就在於，我們能不能認識自己、找出自己的「招牌菜」？

「招牌菜」與相應的客群

我曾經在網路論壇上看過一個有趣實驗。有一對認識多年的朋友交情很好，但她們是長處和特色很不一樣的兩個人。一個是對社會議題很有研究、打扮簡單的類型，另外一個則是在時尚產業工作、穿著比較花俏的類型。她們各自交往過、吸引到的男生群截然不同，第一位吸引的男生很多都是文青類型，第二位則是跟潮男類型交往的比較多。她們一直都對對方吸引到的男生很有興趣，某一天，兩人決定交換一下，試試看跟對方吸引到的男生相處。

但是，她們立刻就發現這根本不可行。光是聊天，她們就沒辦法跟另一種類型的男生找到共通話題，不論雙方開什麼話題的頭，都很難接下去，最後只能勉強聊聊生活中的瑣事。

這場實驗顯示出，每個人都有各自的受眾，要去為難自己，尋找一個根本不是自己市場的東西，實在太難了，除非我們就是準備好要把自己變成跟以前完完全全不一樣的人，才有可能做到。

就好像我主要做的是佛法推廣工作，我就不可能去找虔誠的基督徒作為我的潛在客群，除非是那些不同宗教但是對佛教思想也有興趣的人，才有可能對我所推動的工作有興趣。但是，我很清楚我絕對不應該以一般擁有基督教背景的人，作為主要推廣對象。

如果我們能夠找到自己的特色、認識到自己的「招牌菜」是什麼，並且好好發揮它，自然就會吸引到相對應的客群。拿到人際互動上來看，例如有些男生的優勢不在於擁有符合主流帥哥標準的外表，但偏偏又只想吸引那些追求主流「高富帥」標準的女生，成功的機率自然就很低。

人不能用單一標準評斷彼此

看到這裡，或許有些人會說，可是我就是喜歡那些符合主流標準的人呀，那該怎麼辦？

如果我們這樣想，就會再度陷入前面所說的思考盲點，也就是用單一、過於簡化的標準來檢視他人。

其實大部分人看待一件人事物的時候，往往是看到一個模糊的概念。如果對感興趣的對象有一定的了解，就會發現，人對他人的評價都不會是單一的。就算是剛認識不久的人，我們也不會只說得出他長得很樸素，就沒了，而是會有各方面的評價綜合在一起。

但是很多人的盲點，就在於把對方的弱點當作唯一的評價標準。爲什麼會這樣呢？因爲在現代社會各種進步和物質文化的渲染下，我們已經逐漸把人視爲物品，而不是「人」。

例如一部筆電如果因爲電池設計不良，耗電率太高，價值就會下跌。但是，人不是這種單一品項的筆電，而是由十種不同品牌、各有優缺的筆電組合在一起的：如果只是單一地聚焦於一項特色，反而會很容易忽略其更多面向的優點或缺點。舉例來說，我有一個同事，爲人很耿直、永遠都在爲消費者著想，甚至到了每次我們已經定調一個經銷方向後，他還在跟我爭執定價的地步。某方面而言，這讓我很煩，但是，正因爲他耿直的個性，所以他看待自己的工作也是一絲不苟，令人信賴。

當然，這不是說我們只要看到別人的優點，而是說，在做任何決定前，看清楚是最重要的。

不只是看待別人，我們在看待自己的時候，也很容易陷入這種思考誤區中。有人會覺得自己不夠漂亮，或是頭腦轉得不夠快，但這都是太過放大自己的弱點，而看不到一個人是由很多參考數據綜合起來的。人類不是物品，不可能每個都長得一模一樣，所以過度放大自己的優缺點，都是沒有意義的。我們一定有勝過別人的地方，也一定有比別人弱的地方。與其把自己的某項優缺點當作唯一的標竿，不如好好認識自己究竟是有哪些優缺點，然後找出自身的獨特性，才是最重要的。

「因」與「緣」

這種單一標準的盲點，也不只是在我們看待彼此的時候才會發生。人在看待世上各種發生的事情時，都很容易只看到其中一個點，往往就遺漏許多其他面向。

在感情關係上，我們常常誤以爲很多事情的發生都只有一個原因。例如今天某人的男友跟朋友去夜店玩，結果就被女友分手。很多人會覺得只要那男的不要去夜店就好了，但是，分手的原因眞的只是因爲去了一趟夜店嗎？很多時候，我們都會發現，原來那個男生一直以來都讓女生覺得很沒安全感，因爲他老是喜歡在網路上認識別的女生，花很多時間跟她們聊天，而他這次去夜店，就變成壓倒兩人關係的最後一根稻草。

印度哲學中，認爲「有爲」的第三個特質，就是「因緣和合」，用白話文來說，就是一件事情的成因絕對多於一個。其中較爲次要的原因稱之爲「緣」，最主要的一個原因才叫做「因」。例如說一件事有七個成因，那我們就會說這件事有六個緣、一個因。這個概念非常重要，因爲「緣」的影響層面較小，可以汰換，但是那一個「因」則不行。

這是什麼意思呢？就剛才的分手案例來看，「缺少安全感」就是因，而「跑夜店」則是緣。所以今天如果男生可以給女生足夠的安全感，那他有沒有跟朋友上夜店，都不會造成太大影響。

就具體的人際互動中來看，也是同樣的道理。如果你的獨特性是讓別人覺得你很機智幽默，那你就應該維持你的幽默，而不用去考慮自己是不是也要做到面面俱到的貼心。

當然，如果我們只顧自己的獨特性，讓其他層面都「擺爛」，也是不行的。但是，想要把每個層面都做到齊頭或是最好，是不可能的。我們不可能把所有一切都變成「因」，但是一定都有一個「因」，而其他則都是「緣」。

一個男生跟女友吵架，女友威脅他，如果現在不去她家找她，就要分手，該怎麼辦？到底要不要聽對方的？

在這件事情上，其實最關鍵的在於兩人平常的關係是建立在什麼「因」上面。如果今天你的「招牌菜」是機智幽默，那你可能就有別的選擇來處理這次的衝突，而不用都聽女友的。但是，如果你主打的是一個順從、乖乖牌男友，那你就得從一而終，好好聽女友的話。

你的特性是什麼，你的「質」是什麼，才是最重要的關鍵。印度哲學在討論特性、因與緣的時候，也會把因稱為「質」，也就是你的本質，然後把緣稱為「增上」。印度古人很喜歡舉一個例子，就是對於陶土來說，最重要的陶土本身就是質，而捏陶師、火和溫度則稱為陶土的「增上」。

對於人來說也是一樣，人本身天生的性格和天賦是「質」，而後天的教育和際遇則是「增上」。雖然「增上」可以把我們的「質」養大，但最終還是要看那個「質」是什麼。不過也不能忽略「增上」，因為沒有「增上」，就無法把「質」養大。

我們無法改變自己的本質，就像我們沒辦法把燃燒的火改變成流動的水。我們都知道，要在社會上好好立足，最重要的點就在於發現自己的本質和定位，就好像「品牌獨特性」這種概念。特別是在與人相處的時候，我們可以放棄自己沒有足夠能力處理的事情，但是絕對不能放棄自己的本質、自己的獨特性。

也就是說，如果你不是善於溝通的人，你第一步不必是硬要學習溝通，但是你一定得先把本質、特性穩固好。等到處理好自己的特性之後，其他層面的事物就只是「增上」，讓自己變得更強而已。但若我們不認清、不穩固自己原有的特性，不論再怎麼想加強其他東西，也只是徒增困難而已。

認識自己、特別是認識自己在與人相處中的特點，進而好好把握這個特點，讓自己能夠處在一段關係中的主控權上，是找到自己適合、適當的人際關係，極爲重要的手段。

在現代個人主義、物質主義昌盛的情況下，我們對人際關係的看法，變得扁平而單一，出現許多誤差：包括追求遙不可及的眞誠、忽略持續經營情感的重要性，到以物質享受作爲人際關係的籌碼，而忽略了情感與互動的價值，甚至連自己的特質、立身之處都不清楚。

相反地，印度哲學從探討「有為」的角度出發，架構出刻意為之、必有終結、必有目標與因緣和合的論點，再勾勒出人類這個生物，對付出、情感交流的依賴性，將人際關係從一個扁平的物質交流，回歸到鮮活、複雜的立體。

這，才是人生呀。

印度哲學的智慧・一切行動來自情感的力量

人際關係，是我們在日常生活中最常面臨到的問題，特別是在處理愛情等各類情感上，往往是我們痛苦或快樂的源頭。印度哲學甚至認為，人的一切行動、付出與努力，都是源自「情感」的力量，《出曜經》中說：「人類社會的依存，完全是基於『愛』的力量、受到愛的控制，這些力量讓我們建立家庭、難分難捨。」①

但這種情感的力量，並不是單純、不變地存在，反而與我們的付出成正比：當我們付出的越多、就會越有情感；同時，當我們情感越深入，就越會付出行動。《大乘稻芉經》說：「美好的經驗讓我們無法放棄、努力追求，這樣的追求鼓勵我們付諸行動，導致接下來的一切循環。」②

現在許多課程談到人際關係時，都會鼓勵理性的處理，或是提倡「愛自己」的論述，而印度哲學從根本上討論，認為人際關係的處理，遠比這複雜許多。

要特別談到的是，印度哲學在解釋這一系列的論述後，其努力鋪陳的是導向「無愛無欲」的結果，代表的是當時隱士們看待生命的豁達態度。然而，本書這一部分的內容，則是從掌握這些論述開始，與大家分享處理日常情感問題時的經驗與態度。換句話說，這是以同樣的論述，與傳統印度哲學走向不同的目標，特此聲明。

① 「諸天世人民，依愛而住止……諸天世人民者，何以故說天及人民乎？以其為愛所使：若生為天，玉女營從共相娛樂、視東忘西。若生為人，多所染著，養妻育子心不捨離。」

② 「此則名為受緣愛，知已而生染愛耽著故，不欲遠離好色、及於安樂，而生願樂者，此是愛緣取。生願樂已，從身、口、意造後有業者，此是取緣有。」

PART 3

真正的快樂

有沒有可能，

我們其實是無法得到真正的快樂的？

世界上不存在完美的快樂，活著就是不完美。

意識到生命的不完美之後，

我們才可能有所改變、有所作為。

第一章　現代生活充滿焦慮，可以用消費來解決嗎？

積極追求「多」與「快」的社會

不知道從什麼時候開始，我們的生活充滿了各種「多」與「快」。博客來網路書店標榜中午十二點前下單，就可以在隔天拿到書；PChome購物平臺主打二十四小時內到貨、特定城市則有更快的六小時送達服務；淘寶更使用「光棍節」的單身符號，在當天大肆促銷打折，更祭出「分鐘級」的送貨速度，在下訂完的第十二分鐘就有賣家拿到第一件商品。

除了各種讓我們用更快速度消費的服務，更不用說那些買一送一、買千送百、買兩件打六折、滿千免運這種「買越多越便宜」的促銷噱頭，早已是每個商家招攬顧客的必備籌碼。

在社會的各個角落，我們都在歌頌各式各樣的「多」「快」「CP值」。公司企業每年追求更大的交易量、更低的成本、更多的利潤；政府追求更高的經濟成長和更漂亮的國民所得；消費民衆要求更快、更便宜、不用等待時間的服務。我們不停地購買、追求快速，好像消費和速度已經成爲日常生活的標準配備。

但，我們眞的需要這些嗎？

這時候我們應該先暫時停下腳步，冷靜地問自己：眞的需要這麼多東西、這麼快的服務嗎？

英文有一句慣用語，我覺得非常貼切：Sounds like we need it。好像我們需要一樣。

大家一定對這樣的情境很熟悉吧：我們使用越來越快的服務、購買越來越多東西，結果等到大掃除或搬家的時候，就會發現家裡到處都是沒穿過幾次的衣服和鞋子、忘記當初爲什麼要買的家飾、趁週年慶促銷囤積卻放到過期的保養品、以爲有用結果根本派不上用場的按摩家電……然後以空間不足或汰舊換新的理由，把它們統統丟掉。

現在市面上已經有許多論述和著作批判這種現象，認爲這是現代社會普遍面臨的問題，加上近年來環保意識的抬頭，因此大多數的批評都是以「環境永續」的角度切入，呼籲大眾不要過度消費、要保護地球、要爲下一代的生存環境著想。

沒錯，這固然是一個合理有力的論點，但對許多人來說，這樣的說法完全無法引起共鳴，也無法眞正激起反思的動力。爲什麼呢？因爲對某些人來說，「給地球一個更乾淨美好的未來」「造福下一代」實在離日常生活太遙遠了。

只討論「這麼做爲什麼不好」「要怎麼做才能導正」，就會有很大的風險淪於陳腔濫調，落得沒多少人願意聽進去的窘境。因爲，當我們只討論某個現況的結果和後果，而不去探索這些行爲的原因時，便難以察覺那些後果與我們自身的關連性。更進一步說，我們通常都忽略了一件事：所有的行爲背後都有成因，但我們往往都會自然而然地覺得「事情本來就是這樣」，而不認爲自身行爲會有什麼問題。所以，當許多人提倡環保、試圖爲消費主義踩煞車時，這麼合情合理的論述卻無法引起所有人的關注，是情有可原的。

那麼，就讓我們換一個方式，將焦點從模糊的「for the greater good」（爲了大眾的利益）的呼籲，暫且先拉回我們自己身上——「爲什麼我們會這樣消費」吧。

我消費，故我在

相信大家都已經有一定認識：我們所生活的現代社會有極大部分是建立在資本主義和消費主義上的。簡單來說，資本主義對我們最主要的影響，是鼓勵我們透過強大的生產力來創造資本，這點在工業革命後，其客觀條件才得以滿足。而資本家則透過不停地製造商品或服務，以創造利潤。創造利潤的意思是什麼？就是要有人購買。由此開始，資本主義就跟消費主義是「好朋友」了。前述所說的現象，追求經濟發展、大量購買，就是這對好友合作的成果。

而消費主義的核心理念又是什麼呢？爲了要讓大家認爲買東西是好的、爲了鼓勵大量的購物行爲，消費主義告訴我們：你生活中許多層面的問題，都可以靠購買產品或服務來解決。

這種靠買東西就能解決問題的方法，又給了我們什麼樣的暗示呢？就是所有問題都有一個「速食解決方案」——不只是物質層面，也包含精神層面。電暖器壞了？買一部新的就好。嫌男友不夠貼心？換一個就好。生活乏味或職場不順心？出國一趟散散心就好。跟朋友鬧不愉快?請他吃頓大餐以示誠意就好。

隨著行銷包裝技巧越來越多元，花錢購物不再只是提供物質替代品或人生體驗的手段，甚至逐漸變成了賦予自我特色、定義人生價值的方式。某個車商廣告是這樣的：要成爲一個有質感的好男人，不在於要長得帥或穿好看的衣服，而是要開某某牌的房車，才會有女生注意你。不是轎車，是休旅車，因爲這樣才表示你是個願意帶未來的家人出去玩、有顧家潛力又有質感的好男人。

有人或許會說，這樣不好嗎?大部分的問題都可以用買東西來解決，何樂不爲?那我們接下來就談談，我們生活中究竟爲什麼有那麼多問題要用消費來解決、爲何又一定要由消費來解決吧。

「不足」就用花錢來解決?

在我們追求經濟蓬勃發展的過程中，除了消費文化之外，還有一個對我們生活影響相當深遠的因素：越趨密集的社交關係。這兩者有什麼關係呢?先來想像一下，如果你是一個老闆，很想把一個商品推廣出去，不論你一開始製造這個商品的立意爲何，你遇到的下一個問題肯定是如何把它賣出去，也就是說要告訴大家爲什麼他們需要購買這個商品。我想接下來的發展各位也心中有底了——爲了要說服大家掏錢出來買，絕大多數的廣告都在告訴我們：如果沒有這個產品，生活就會有多糟糕、多不便。如果以我熟悉的宗教圈爲例，不論是爲了金錢利益或學術研究，都需要經費支持，所以就需要舉辦一些讓大衆願意投錢的宗教性行爲，例如儀式或法會，然後用廣告的方式去吸引群衆。最近諸事不順？那是因爲你業障重，只要來參加法會、購買護身符，只要「做什麼」，就可以改變現況。

我們從這裡便能衍伸出一個現在普遍的心態：我有一些「不足」，需要去「改變」它，而我只要花錢、只要做點什麼就可以改善。

跟過往的時代相比，這種「不足」的心態在現代更爲明顯。過去還沒有大都市、沒有網路的時候，一個年輕人在村裡可能只有三、四十個年紀相近的同性村民，與大家相較之下，他長得再怎麼難看，比來比去也就是那些人。但這個狀況拿到現代，除了人口變多、變得更加密集，還能在網路上看到成千上萬個網紅、網美（姑且不論是天生麗質、整形還是修圖），這個年輕人就會開始對自己的「不足」感到焦慮。

當我們與他人有越來越密集的接觸與交流，不管是因爲人口稠密或科技發達，互相比較的資訊也就越來越多。不論是長相、收入、學歷、交友圈、人生歷練，我們生活的每一個層面幾乎都可以拿來比較，也使我們的焦慮越來越強烈。而這種密切的社群關係所產生的焦慮感，與消費文化「你有不足對不對？花錢就可以解決囉」的說法是相輔相成的，其產生的結果就是我們都習慣大量消費，並且認爲消費可以解決問題。再加上日新月異的科技發展，又能滿足我們對消費的執念，讓我們買得更快、買得更多。但這個結果，卻恰恰成爲我們最大的盲點。

一切變得如此之方便，爲我們的焦慮感找到出口，唾手可得、隨時可見，我們便逐漸產生一個認知：賺錢就是爲了去花錢來彌補不足、來解決內在焦慮。

因此，照常理而言——也是現代社會的普遍觀點——賺錢、花錢就是解決問題的答案，所以應該是能讓我們快樂的。

但是問題眞的有因此而解決嗎？我們眞的因此而快樂嗎？

有一次在計程車上，我看到一個投資廣告。它用大數據的角度切入，列舉了大數據數年來的成就：預測球隊輸贏、阻擋病毒傳播等等。而這個廣告在最後提出了一個美好的未來願景：幾十年後，大數據或許就能創造一個均富的時代，每個人都可以透過大數據投資賺錢，所有人都能有高額收入。

但是，我們現在的世界恰好與這個廣告描繪的未來形成可怕的對比。不論是從新聞媒體或是近年來知名的「世界快樂報告」中，我們都可以看到，越是世界經濟強國、越是進步的已開發國家，反而國民的幸福感與快樂感並沒有我們以為的高。照著一般邏輯判斷，賺比較多錢、經濟比較寬裕、有很多錢可以花，應該就會比較快樂吧？但這些資訊卻告訴我們，事情似乎並不是這樣。

我想很多人應該都有這個經驗：不論是出於什麼原因，心情不好的時候，就跑去瘋狂購物一下，雖然剛買完時好像覺得很爽，但過不到半天，馬上又不開心、空虛了起來。

當然已經有很多人注意到了這一點，並且把這個現象怪罪於「欲求不滿」，但我認為這已經是一個老掉牙的說法，因為原因並沒有這麼簡單。從前面討論到的，不管是人與人之間的接觸越來越密集、消費文化越來越強大、科技技術又變得更加容易滿足我們消費的需求，帶給我們的價值觀又讓我們逐漸把賺錢視爲人生的重要目的，所以這是一個很綜合性、多面向的問題，不能只單從欲望的角度來看。

爲什麼「少」能感動我們？

我的工作有很大一部分是在做學術研究，因此需要常常跑印度、西藏那幾個地方。我身邊也有許多人喜歡去這些地方玩，因爲我是去工作，所以沒有太多感受，但我的朋友們卻很受這些地方感動。

有一次的經驗特別讓我印象深刻。西藏有一座神山，叫岡仁波齊山，是喜馬拉雅山脈中被認爲最神聖的一座山。在西藏有一個非常傳統的宗教行爲，也就是「轉山」——繞著岡仁波齊山走一圈。除了當地藏民之外，現在「轉山」的群衆也不乏來自世界各地的觀光客。

那一天，我和幾位朋友一起來到岡仁波齊山，踏上長達六十公里的轉山路程。我們轉山的方式就是步行，但藏人繞山的方式更爲虔誠，都是走三步便跪下磕一個頭，全程都這麼走。而因爲當地物質環境沒那麼豐富，所以我們每個人整個早上就只拿一顆雞蛋或同樣簡單的食物帶著吃。

我們這群人之中，有一位滿有知名度的美妝保養專家，也是一個行銷人。她在大家眼中一直都是一種女強人的形象，各方面都表現得面面俱到，也很有氣勢。在我們接近轉山旅程尾聲的時候，在路上遇到一個母親帶著七、八歲的孩子跟在媽媽身邊一起磕頭。我這位女生朋友看到，就把手上的雞蛋給了這個小孩，然後那小孩就笑了，笑得很開心。一看到他的笑容，我的這位朋友突然痛哭起來。

我相信也有許多人遇過這種經驗，對我們這些物質生活算是相當富足的人來說，當我們看到別人因爲一個簡單的事物——對我們來說往往是微不足道的事物——而感到純然的快樂時，我們往往會大受感動。

在過去幾年中，我們對於不丹這個「貧窮」國家的討論，也是同樣的道理。大家心中普遍都有一個疑惑：爲什麼這些人的物質環境比我們差，卻看起來比我們快樂？

這個問題不但出現在我們的生活中，古代的印度也有許多人提出一樣的問題：在印度哲學的啓蒙時代，生活在極差的物質條件下的僧侶、隱士們，看起來卻十分平靜快樂，這對當時許多人來說也非常不可思議，以至於許多人會開始問自己，是不是他們沒有掌握到什麼東西，才比那些什麼都沒有的人還不快樂？

對於一個人來說，相較於先變有錢再快樂，與可以在沒錢的情況下快樂，後者比較容易，所以很多人開始去找這些僧侶、修行人，想從他們身上找出答案，因此古印度的南亞哲學便是從這樣的氛圍下發展起來的。

當時在印度思想的體系中，非常多社會上的高階人士、高知識分子都拋下自己原有的東西，不論是地位、財富、聲望等等，這在當時形成了一股風潮——他們走入森林，追尋「少」所帶來的快樂的祕密。

我們或許會問，這些人都已經是社會的既得利益者，居然還感到不滿、不開心？這個問題拿到現在來看也適用，但我們可以從這一點引申出下一個問題：是不是我們擁有這麼多這些東西——錢、物質、名利——其實是無法讓我們快樂的？

印度哲學中，對現代最有影響力的創始人——釋迦牟尼，也就是佛陀，他的原生家庭是貴族，他自然也就是富二代，享受應有盡有的生活。但在將近三十歲的那天，他也步上了前面無數隱士們的後塵，離開皇宮，遁入森林。

這是一個有深刻寓意的故事，因爲早在釋迦牟尼剛出生時，就曾經有算命師告訴他的爸爸：「你的孩子，將來要不是會吞併全印度，就是會走入森林中。」其中的第一個選項，跟我們一般人的選擇較相似：當我們對現況感到不滿，內心有極大焦慮時，我們大部分人可能會做出這樣的選擇——我們國家太小、我的收入太低、我擁有的不夠多，所以我要得到更多、更好的東西。

然而，釋迦牟尼選擇的是另一種。他選擇去探索：是不是自己知道的不夠多，所以才不快樂？

爲什麼他會選擇這條路呢？正是因爲在印度文化中，存在著許多這樣的典範——他們擁有的不多，但卻平靜快樂。這便是南亞哲學發展時的一個重要底蘊、也是激發這些印度思想家們的重要前提：當大家對現況感到不滿時，比較不是去想著要獲得什麼來改善自己（因爲已經證明沒有用了），而是想要找到原因、探究是不是自己不知道什麼。

不是得到的不夠，是知道的不夠

我們在前面談到了現代生活因比較而造成的強烈焦慮感，以及傳統上以消費作爲解決焦慮和問題的答案，南亞哲學這種「我是否不知道些什麼？」便是想提出不一樣的思考方向。

問題會不會不是出在我們得到的太少，而是我們認識太少、知道的太少？現代社會不斷告訴我們，我們會焦慮是因爲我們有所不足，只要得到新的東西就可以解決問題，但問題會不會根本就是：我們焦慮，是因爲我們對現況認識得不夠而導致的？如果我們認爲買東西可以解決焦慮，那爲什麼我們還是會被「少」感動？

在接下來的章節中便會探討，我們到底是不是對現況認識不足，以及那個「不足」是什麼。

印度哲學的發展，與其他文化最大的一個差異，就體現於此處：這些思想家們尋求的不是要「得到」更多，而是要「知道」更多。

第二章　我們不快樂，是因為我們誤解了快樂

興奮與刺激等於快樂嗎？

不久前，朋友傳給我一支網路紅人拍的影片，裡面在討論金錢買不買得到快樂。這位網紅認爲金錢是買得到快樂的，他說如果你不快樂的話，就可以去買輛水上摩托車，因爲每個騎水上摩托車的人都很快樂。他還舉了其他例子：電腦和網路，只要擁有這兩樣東西，就會帶給他很大的快樂。

我想大家應該都會發現，自己的生活經驗或多或少都跟這位網紅說的一樣，有所共鳴吧？就像我們在上一章討論到的，在現代生活中，購買商品或體驗好似可以爲我們帶來某種程度的快樂、解決我們某些焦慮感。

但請各位仔細想想，我們眞的因爲擁有這些東西、體驗過這些事物，就獲得了長久穩定的快樂嗎？我們是否曾注意到，往往在這些東西帶來的刺激感與新鮮感消退之

後，原本的焦慮或不滿又都悄悄回來了？

說到這裡，必須先問一個問題：當我們談論「快樂」的時候，究竟是在談論什麼？

在由消費文化主導的現代生活中可以發現，大家常常提到的「快樂」，其實是一種用消費去獲得興奮感、一種不無聊的感受。前面提到的美國心理學家馬斯洛除了建立重要的人類需求層次金字塔理論之外，也提出過另一個十分著名的名詞：「高峰體驗」。什麼是「高峰體驗」？如同字面上的意思，「高峰」就是一座很高的山峰，有著三角形的形狀，而這種突然高起、趨於頂峰的感受，根據馬斯洛的理論，這是在我們達到自我實現時所感受到的一種超越自我、極樂而短暫的體驗，在經歷過這種體驗後，我們將能更充分地理解自我、發揮自身的特質。

「高峰體驗」本來是指這種正面、完美的心靈體驗，但在現代社會中，我們往往誤解了它的意思，以為高峰體驗是指事業上的成功、物欲與生理的滿足，或是從事極限運動或危險活動作為娛樂所帶來的「極度欣快感」，也就是極致的「興奮」與「刺激」。這兩者的差異在於，這種興奮與刺激所帶來的快樂感受，除了瞬間即逝之外，並不能讓我們從此獲得心靈的滿足，而且往往是以逃避現實作爲動機。

在消費文化與所謂的「社會成功人士」的宣傳與推波助瀾之下，我們所追求的「快樂」，已經被定義爲這種「興奮的感受」「不無聊的感受」。不論是水上摩托車、電腦網路、異國體驗或是其他靠消費得來的物質享受，帶來的都是這種被誤解的高峰體驗，而這種感受的特徵，就是「短暫」。舉一個最極端的例子，就是毒品。許多使用毒品的人都曾經說過，在毒品產生效果的當下，是一種非常歡愉、渾然忘我的感受。但在藥效退去、回到現實之後，心情又馬上盪到谷底，因此他們就要再次尋求毒品的效果。可是爲了獲得這短暫的歡愉，他們必須付出大量金錢，甚至傾家蕩產、犧牲很多其他的事物，才能得到這種快樂。

這種興奮並不是眞正的快樂，因爲過於短暫、容易產生變化，而現代人爲了追求這種興奮，往往必須犧牲許多東西。

刺激上癮

當我們過於追求這種不可靠、會變化而短暫的刺激所帶來的快樂時，導致的結果就是我們會一下狂喜（有刺激的時候）、一下痛苦（沒有刺激的時候），而無法得到穩定的快樂。前面提到過，印度哲學主張，物質給我們帶來的刺激，其滿足感遠不如人與人之間的情感交流。更具體來說，物質刺激不但無法給我們的心理創造持續性的滿足感，他還會讓人「上癮」——南亞思想家認為，追求這種靠消費得來的物質刺激就像喝海水一樣，越是喝它，就會越喝越多，如同我們開始追求刺激之後，就需要更多更深的刺激，才會感受得到效果。再舉例來說，它就像速食一樣，雖然好吃、方便，但是營養價值極低，還會讓人上癮，並為身體創造許多負擔。

曾經有一段時間，我常陪朋友跑夜店。在那裡，我們常常遇到許多從外地來臺北念書的年輕人，其中和一個女生的相遇讓我印象特別深刻。她也是一個初到臺北兩、三個月的大學新鮮人，她告訴我們，學校的學長姊一直向她宣傳臺北的夜生活有多麼豐富，因此她迫不及待地想來見識看看，而她最期待、最想嘗試的，便是在夜店喝到一杯香檳。當時我和朋友正好開了一瓶，於是便請她喝了一杯。這個女生非常高興，整個晚上嘰嘰喳喳的。後來過了好一陣子，我和朋友去了附近另一家夜店，又再度碰到了這位女生。但是這一次，她的反應和舉止很明顯不一樣了。她一看到我，只是點了點頭示意，而她手上則捧著一個香檳杯，自在地走來走去，杯子整晚都不停有人幫她斟滿。

人是一種會習慣的動物。跟其他生物相比之下，人類社會在短短幾千年的時間內就有了爆炸性的進步，因此對於追求刺激以及刺激帶來的成長或變化，抱持著一種本能性的積極。但是，當我們不斷接收同樣的刺激，這個刺激帶來的效果就會開始消退，爲什麼？因爲我們習慣了。

拿剛才的例子來說，就好像過去夜店文化剛興起的時候，大家會覺得要在夜店認識新的人是很容易的，只要到了那個地方，一起跳跳舞、喝喝酒就可以了，但到了現在，卻似乎演變成如果你去夜店不開包廂、不開瓶酒請客，就吸引不到別人的注意。年輕時和朋友聚會或慶祝生日，都會跑到暢飲店，但久了之後，就覺得暢飲店好像不太有「格調」，就跑去單點店，再來單點店也不能滿足了，就去高級酒吧，最後變成更高消費的鋼琴酒吧一類的地方。

同樣的例子在日常生活中多不勝數，爲什麼？因爲人是會習慣刺激的動物，一旦偶一爲之的刺激變成習慣，我們就會把它視爲一種生活的基本配備，新鮮感與興奮感就會消失，而我們接著就需要更多、更強大的刺激，才能重新獲得這種「快樂」。我們一開始提到的水上摩托車也是一樣，我猜那位網紅在享受了兩個月的水上摩托車之後，可能就會想要買遊艇，不再覺得水上摩托車刺激了。

但越是追求這種短暫的刺激，越是不可能感到滿足，因爲刺激過於快速、短暫，只會讓我們繼續追求越來越強的刺激。而現代社會的資本主義與消費主義又鼓勵、讚揚這個行爲，使我們落入永遠不能滿足的循環。

沒有了「必需品」之後

每當談到這種問題，我們一般都會下意識地說：「可是，我購買、擁有的這些東西都是必須的啊：這件衣服是以前的回憶，不能丟；這件衣服是開會偶爾會穿的，不能丟；這幾件是夏天換著穿的，不能丟。」諸如此類，我們常常覺得自己擁有的一切，都是必須、而非我們受消費主義的鼓舞所購買。

我們眞的需要這麼多東西，才能生活、才能快樂嗎？讓我們回來看看印度這塊土地吧。印度是一個非常特別、甚至可以說是詭異的地方。有好一段時間，當你從孟買或德里的機場出海關時，你可以看到偌大的印度觀光行銷標語掛在那裡：「Incredible India」。「incredible」這個形容詞其實是中性的，同時具有正面或負面的含義。雖然我知道印度政府肯定是指正面的意思，但我們每次從印度工作回來時都會覺得，天啊，眞是「incredible」。

如果撇開現代西化的城市不談，印度這地方最大的特性，就是「混亂」——無法控制、不可預期的一團混亂。你在原本的國家覺得很正常的事情，到了印度，就變成不正常了。不管是我們習以爲常的熱水、電力、有號誌指揮系統的交通，在印度的很多地方，不是今天只有冷水、明天根本沒水，就是早上有電、晚上沒電。而路上更是牛、車、人交錯並行，甚至還時不時出現莫名其妙的封路行爲。你可以想像，在這個國家，任何預先規畫的事情都不太可能按時完成，任何計畫都難以確實執行，因此有許多人去過一次就一輩子不想再去了。但是，也有很多人非常喜愛這個國家，這又是爲什麼呢？

我有一個朋友就是愛上印度的那種人，他每年都會去印度參加一些非宗教的靈性活動，而我非常好奇這塊土地對他的吸引力到底是什麼。他告訴我，每次去印度的時候，就會發現自己對人生的需求變得非常基本。基本到什麼程度呢？大部分的人去印度西化程度不高的地區旅行時，都會隨身帶「電湯匙」這種金屬棒，用來加熱要飲用或煮食的水。這位朋友在印度唯一的期望就是在飯店使用電湯匙的時候，不會讓整間飯店停電——因爲當地的電壓實在太不穩定了。另外一個期望就是希望當天晚上能有熱水可以洗澡或煮泡麵，只要能達成這兩個期望之一，他就會感激涕零。

因此我就問他，爲什麼如此不方便，你卻還是不斷回去這個地方？他這麼回答我：在印度，所有你認爲理所當然的追求、所有你認爲基本該有的事物，原來都是如此可貴。這就如同我們前面提到的，我們往往都會把刺激當成習慣、視爲理所當然，但其實沒有什麼東西是理所當然的。

你在印度跟旅行社大呼小叫，責怪工作人員沒有把機票改好，對方可能只會告訴你今天沒電，他們沒辦法幫你改。我也遇過無數次這種事。當年我在印度刺青時，刺到一半時電突然沒了，只好坐在那裡跟師傅聊了兩小時，最後電來了，師傅好像什麼事都沒發生一樣，繼續完成我的刺青。第一次遇到這種狀況的時候，你理所當然地會暴怒不已，但到後來你就不會覺得有什麼大不了的。停電了？好吧，那要不要喝個茶，出去街上找隔壁的聊個天？

當你遇到一個求爺爺告奶奶、哭天喊地都沒有辦法解決問題的狀況時，你會突然發現，你也只能好好面對自己、面對他人了。想像一下，當所有人的手機都沒電、不能上網的時候，你除了跟旁邊的人聊天之外，還能做什麼？

印度的混亂會瓦解我們既有的、視爲常識的東西，特別是我們深受西化影響的那些習慣。一旦瓦解了，我們就會開始做一些平常被我們忽略的事情，但其實那些事情非常重要。

當我們接受「就只能這樣了」，反而會發現，我們其實還有其他選擇。當我們原有的認知被打破，就會覺得其實這也沒什麼，只要有熱水、有東西吃、可以洗澡，就足以感謝了。

我的工作讓我得以結識一些屬於高知識分子、社會菁英的人，他們有許多人去過印度之後，反應也如出一轍：這塊土地扭轉了他們那些強烈的執著。在回到都市生活之後，這種影響會慢慢消退，但他們都很難忘記，在那個過程中，當所有原本覺得理所當然的事都瓦解之後，就會發現其實瓦解本身也沒那麼可怕，而原本自以爲重要的事，也沒有眞的那麼重要。我覺得這就是印度的魔力，這就是她「incredible」的地方。

一個人在這種情況下，會發現生存的基本需求眞的沒有那麼多，這時候就會產生一種「活著」的感覺。這種「活著」就是某種「自由」的感覺，不受物質所控制、不受我們原本以爲的那些「必需品」所控制的自由。

現代社會的進步讓我們的生活變得如此便利，任何需求都能輕而易舉滿足，但當你能意識到，連最基本的東西其實都是需要靠雙手爭取而來、甚至還不一定能得到時，你才會覺得自己眞眞切切地活著。

前面所說的這種瓦解與混亂的經驗，能夠使我們發現，很多時候我們在生活中追求的刺激或穩定，其實都只是我們自以爲很重要的東西，帶給我們的也不是眞正的快樂，甚至可能是一種負擔。就好像很多人喜歡吃速食，因為既便宜、口味刺激、又取得容易，但我們都知道，一旦吃太多廉價的東西，就會失去品嘗好東西的味蕾。同樣地，當我們不斷追求現代社會所頌揚的刺激，我們就會失去可以體會真正的快樂、愉悅，或說是真正幸福的能力與耐心。

更具體來說，如果我們努力想要鞏固原本以為很難得的刺激，因為我們認為這樣才能確保某種安樂或舒適，其實就扼殺了更多的可能性，甚至是我們體驗人生其他事物的能力。如果我們把心力都投入在追求刺激，以解決現代社會中充斥各處的焦慮時，為了維護這些刺激，其實只會為自己創造更多焦慮。有時候，當這些我們自以為不可或缺的刺激都不在之後，就會出現不同的解答，甚至會獲得更多快樂。

這不是說必須擁有得少，才能得到快樂，而是當我們能夠節制、擺脫物質主義的控制，才是真正活著、成就快樂的根源。

第三章　眞正的快樂是什麼？

當快樂變成商品

既然感官刺激不是快樂，那眞正的快樂是什麼？

我們都希望快樂能夠持久，但現在我們已經察覺，靠消費獲得的經驗，只能帶給我們稍縱即逝的快樂，而我們對「高峰體驗」的誤解，也讓我們過於將心力投注在極致的感官經驗，誤以爲那可以帶給我們持久的快樂。

心理學家馬斯洛在晚年也察覺了普遍大衆誤用了他的理論，因此提出了另一個新的名詞：「高原體驗」。相對於短暫、陡升的高峰，高原是在達到巔峰後並不會馬上落下，而是展現了綿延、持續的形式。高原體驗指的便是較爲長久、穩定的快樂感受。馬斯洛認爲，除了對高峰體驗的正確認識，人所應當追求的是高原體驗。而這種體驗並不是來自於爆發式的感官刺激，而是需要每個人付出耐心與時間累積而成的人際關係，以及能夠讓我們一再回味的人生經驗。具體一點地說，眞正的快樂，是來自於我們能自行體會、經驗到日常生活中的趣味事物。

哈佛大學商學院教授麥可．諾頓（Michael Norton）主持了一項很有趣的調查。他的研究發現，當人使用金錢的目的是爲了別人，而非只是爲了滿足自己的物欲時，將會帶來更多、更持久的快樂感受。這正說明了，當我們更著重在與他人的互動與其所帶來的經驗時，比起單純的物質感官刺激，我們能獲得更大的滿足感。

但我們現在所處的世界，讓我們很難體會到這種需要耐心與時間去累積的東西，因爲有太多外在的阻礙擋在我們的心前面。前面提到的印度知名學者寂天，他出版了許多激勵人心的著作，寫出了許多直擊現代人問題核心的語句。他說：「所有的生命都追求快樂，但我們都把快樂當作敵人般摧毀了。」他也指出，我們應當追求的快樂就在不遠處，卻往往被我們視而不見：「快樂就像眼睫毛，近在眼前，我們卻感覺不到。」

爲什麼我們感覺不到快樂？因爲在我們的日常生活中，「快樂」已經被塑造成某種教戰守則，各種資訊告訴我們，一定要做到哪些事情，才能獲得快樂。賺不到大錢，就沒辦法快樂；沒有美滿的家庭，就沒辦法快樂；沒有完美的伴侶，就沒辦法快樂；沒有「白富美」、沒有「高富帥」、沒有出過國、沒有房子車子、沒有智慧型手機、沒有這個那個……我們好像就只能過著悲慘、被人瞧不起的生活，快樂不起來。

我們常常說醫療是基本人權，而不是商品。不論有沒有錢，每個人應該都要有獲得基本醫療照顧的權利，但我們都知道，現實是付得起費用的人才能獲得比較好的醫療。同樣地，「快樂」在現代社會似乎已經變成一種商品，而非人人都有的基本權利了。在消費文化的主導下，所有商品都在向我們兜售便利性、經驗、刺激、品味或任何你能想到的代名詞，然後塑造出「得到這些才能快樂」的社會價值觀。所有應當是出自於我們本能的快樂，在現在的時代，都已經被包裝成了商品，好像只要我們按一下滑鼠、點一下手機螢幕、掏出信用卡，幾秒內就能完成「幸福」的交易。

但是，任何牽涉到購買的行爲，都不可能帶給我們眞正的快樂。因爲所有寶貴的快樂與幸福感都是需要培養、經由時間的沉澱與累積，而不是「一鍵成交」就能快速得來的。

眞正的快樂來自和諧

我想很多人都有這種經驗：某種程度上，我們都不敢相信我們想要的快樂，其實就在不遠處。我們一直以爲快樂是存在於外面的某個東西，而我們必須得到那個東西，才有辦法快樂。我很喜歡舉一個例子，就是有些男人不喜歡回家，寧可上酒店喝酒、找小姐作陪。這個人去外面尋求快樂，但他是不可能得到的。爲什麼？因爲眞正能讓他快樂、讓他不再苦惱的方法，是來自於他能夠好好跟自己身邊的人相處所產生的幸福和諧感，而不是一遇到問題就往外跑。這就是我們先前談的，以逃避作爲動機而去追求別的刺激。

印度哲學在談論快樂時，並不是使用我們熟悉的「快樂」這個詞，而是一個梵文的字「shanti」，也就是寂靜的意思。印度思想家認爲快樂是某種寧靜，而這個寧靜又來自於什麼？也就是由「yoga」達成的，「yoga」的意思是「結合」，或是所謂的融合——個人與群體的融合、大自然與人類的融合，也就是和諧。和諧才能帶來寧靜。我們耳熟能詳的甘地的「非暴力不合作運動」，其核心思想也是出自同樣的概念。

我們常常喜歡以世界上的成功人士作爲人生的典範，例如蘋果公司的賈伯斯，或是亞馬遜創辦人貝佐斯，他們是大部分人急於模仿學習的對象。但是，我們也都知道，賈伯斯和自己的女兒關係極差，在他的許多言談中，也處處顯露出不快樂的焦慮感。而貝佐斯在公司裡對員工的態度也是以暴躁、零容忍聞名。這些成功人士再怎麼有錢、再怎麼追求事業成就帶來的刺激，如果不能跟生命中的人、自己的生活達到和諧，我們都知道這不是眞正的快樂。我們不能去批評這樣的生活是對是錯，但我們可以問自己：這是我們想要的嗎？

和諧的重要性比我們想像中來得重要許多。印度哲學認爲，我們可以有很多錢、很多物質享受，但如果沒有和諧，就無法得到眞正的快樂，只能在倏忽即逝的興奮與失落中無限循環，因爲和諧是金錢無法買到的。快樂來自於寧靜，而寧靜則來自於和諧。只有在眞正的和諧產生之後，人才會是健康、快樂的。

達成和諧的第一步是「接受不完美」

這裡所討論的和諧，並不是處處向別人妥協、忽略自己的想法、維持表面的和平。那都不是眞正的和諧。

和諧的本質是和刺激相對立的。刺激必然會破壞和諧，因爲刺激的本質就是「製造對立」。我要比別人優秀、我要比別人漂亮、我要達到什麼成就——當我們開始追求外在的東西時，其實就是在放棄和諧的可能性。達賴喇嘛曾經提到，他不喜歡別人給他冠上任何頭銜。我們大部分人認爲，頭銜是一種我們向這個人展現尊敬的表示，但達賴喇嘛認爲，當我們開始冠頭銜時，就是在分化彼此。比如說在一千個人中，他是尊貴的達賴喇嘛，但難不成其他九百九十九個人就不是尊貴的嗎？

一旦開始冠上頭銜、貼上標籤，就是在強調他人跟我們有多麼不同。尤其處在這樣一個歌頌個人或品牌獨特性的時代，比起朝向多元共存的方向邁進，我們反而更傾向於比較與競爭的心態，進而以防衛、捍衛的姿態面對每個人的獨特性。但是，當我們採取這樣的心態時，怎麼可能達到和諧呢？

簡單來說，當我們開始追求刺激，試圖用消費來解決問題、獲得滿足或快樂，以爲追求「完美」就等於得到快樂時，就代表我們「無法與現況達成和諧」。

假設我們接受普遍存在於現代社會中的比較心態與有所不足的自我缺陷感，開始出現「我得把鼻梁整高一點，別人才會注意我」「我得買一輛房車，才會有女生注意我」這類想法時，就是代表我們沒辦法接受自己的現況，無法接受塌鼻子的自己也能被愛、也能活得好好的；無法接受自己就算沒有房車，也會有女生注意到我、也能活得有自信。

那麼，和諧的力量究竟來自於什麼？其實就是來自接受現況、接受不完美。

我們在討論的是一個至關重要的能力。曾經在某一次講座中，我有一位學生提出過一個問題。他曾踏足過許多國家，去過印度，也去過日本。那堂課的重點是「接受不完美是一種重要的能力」，當我和學生分享這段關於不完美的概念時，這位學生告訴我，現在的經濟體系都是以解決不完美作爲前提來發展，所有的科技技術都在尋找更好、更接近完美的解決方案。如果每個人都可以接受不完美，那經濟發展是不是就會停滯了？他舉了一個例子：日本的火車都非常準時，連一分鐘都不可能遲到，但是印度的火車慢個半小時、一小時都還不叫異常。相較之下，我們都會覺得日本比較好，比較有效率、比較文明。如果我們都接受不完美，是不是日本也會變得跟印度一樣？

當時我給這位學生的回答是：兩個國家我也都常去，但我寧可當個快樂的印度人，也不想當個痛苦的日本人。

這個世界不斷地告訴我們，讓我們以爲只要文明發展到某個階段，問題就可以被解決。理論上而言，日本擁有高度發展的文明、整個社會運作得看似那麼完美、那麼準時，那應該大家都能活得更快樂啊。但我們都知道事實不是這樣。

爲什麼呢？一旦不能接受一丁點不完美，那就不可能達成和諧，因爲「不完美」是解決不完的。舉一個非常簡單的例子，就是整形。只要整過形的人都知道，整完一個部位，就會想要整下一個、再下一個……幾乎無一例外。而每個人都有各自的不完美想要解決，覺得自己長相不完美，接下來可能是穿著不完美，再來就是住的地方不完美……無窮無盡的不完美，一輩子都解決不完。當我們用客觀的態度去檢視所有人的生活經驗，就會知道，不可能會有完美存在的。

越是想要追求消費文化提供的速食方案來解決我們的不完美，就離和諧越遠。然而，事實上我們都被欺騙了，我們都誤以爲世上有某種完美存在。這些外在的刺激都是在試圖讓我們相信「完美」是存在於某處的。

活著就是不完美

人生中，有很多東西遠比完美重要。只要養過寵物，就知道沒有一隻寵物是完美的。我家有一隻橘貓，叫做咪咪，牠的個性很差，目中無人，老是喜歡半夜唱歌，也很喜歡在我睡覺的時候跑來擠我的頭，害我常常落枕。不過，儘管牠是一隻不時令人頭痛的貓，我們還是能夠共處在同一個屋簷下，我還是能從跟牠的相處之間獲得安慰與快樂。我想許多養寵物的人應該都有同樣的經驗吧？就算牠常常不聽話，有時候還會失控暴衝，你還是能跟牠好好相處。這，就是和諧。當我們理解、接受這個生命的本性，並且投注耐心與時間與之好好共處，就能達到和諧。如果你的寵物很完美、很受控制，那就不叫寵物了，那就是機器貓，但就連小叮噹都沒有這麼完美，對吧？

印度的思想家們，窮極一生都在追尋如何獲得快樂。人在走向快樂的過程中，會有很多阻礙，因此印度哲學都是在解決這其中不同程度的阻礙，這是整個南亞哲學相當大的特色。在釋迦牟尼之前，所有的印度思想大師都認爲「完美的快樂」是有可能得到的，只是每個人能力不同而已。他們認爲，只要心越加沉寂、越深入內心，停止各種粗糙的感官刺激，那這種最深沉的經驗，就能讓人得到某種平靜，也就是得到快樂。

而到了釋迦牟尼，他提出了一個劃時代的論述：他認爲世界上不存在完美的快樂，只要人活著，就不可能得到眞實、完整的快樂。他是印度思想家裡面，第一位提出這個問題的：有沒有可能，我們其實是無法得到眞正的快樂的？釋迦牟尼提出的幾個最重要的核心概念之一，就是「有漏皆苦」。「有漏」的意思就是不完整、有漏洞，而釋迦牟尼就是想告訴我們，生活一定是「有漏」的、一定是不完美的。只要「有漏」，那就不可能是快樂、而是痛苦的。

釋迦牟尼花了很多時間在解釋一件事：人就是不願意正視、接受「有漏皆苦」。而我們痛苦的原因，一定不可能是單一的，而是有很多因素所造成的。例如說今天我的心情很差，因爲我男友不回我訊息，但是讓我心情差的原因肯定不會只有被已讀不回，可能也是因爲早上出門的時候和家人吵架，或是在公司與同事起了衝突，而導致後來對於訊息不回這件事的反應那麼大，儘管男友可能只是因爲在跟上司應酬而一時無法回訊息。

但釋迦牟尼不是只想要強調痛苦。對於痛苦與造成痛苦的原因，他眞正要傳達的意思是：苦，是沒有辦法被「斬斷」的，而是要被「認識」的。

只有「苦的原因」可以被停止，但我們沒有辦法停止「苦」本身。爲什麼呢？因爲「痛苦」是一個結果，一旦結果已經造成，那是沒有辦法扭轉的，你只能先想辦法去扭轉、改變它的誘因，才能進而改變結果。但是要做到改變結果，就必須先正確認識到痛苦這個結果；而正確認識的方法，就是要好好面對我們的人生原本就充滿了各種不如意、各種不完美。

不過，釋迦牟尼並非只是要我們承認痛苦，然後消極地什麼都不做，而是當我們能夠意識到生命的不完美之後，才有可能有所改變、有所作爲。

第四章　人的適應力是有限的

不需要的東西，便成爲負擔

我們在第一部分，提到了一位西藏隱士對於要不要接受幾隻羊作爲禮物的故事：「多了一隻羊，對我來說只是多了一隻羊的煩惱，所以我不需要。」

在日常生活中，我們常常可以聽到一種說法：「分不清楚『想要』跟『需要』」。這麼說的時候，通常指的是「需要」的東西才是重要的，而「想要」則只是出自欲望，所以應該要壓抑這些並非必要的渴望。

有時候我們會把「只拿自己需要的」這種認知稱爲「節儉」。許多人都會覺得這是一種教條性的規訓，而產生負面的抗拒感，或是對自己的欲望產生罪疚感。這就如同前面幾章談到的，單純以保護地球爲由向大衆呼籲減少過度消費，是很難引起廣大共鳴的。

對於「需不需要」的認知，背後還有一個重要的道理容易被忽略：當某個東西在我們身上，但其實我們不需要的時候，它就會成爲一種負擔。

並不是說拿了不需要的東西就是一種罪惡，或是違背天理，而是必須認知到，一件事物的眞正價値，最終是取決於我們需不需要它。就好像近年來流行的「斷捨離」的概念，一個對我們無用的東西，不論再怎麼被其他人重視、羨慕，它對我們來說就只不過是個負擔。如同我在前面曾提到的，買了那麼多衣服，結果根本沒穿過幾件，不僅占據了空間，也徒增整理和丟棄時的困擾。我自己也是一個實際的例子：我在過去幾年買了許多按摩器材，一開始都覺得很需要，結果發現在家時根本沒時間用，而且那些琳瑯滿目的功能，也要花上好些心力去搞懂使用方法，倒不如每隔兩個星期去外面找師傅按摩。

但是，鼓勵大量消費的現代社會，讓我們逐漸失去了判斷需要與否的能力。例如前面提到的淘寶光棍節購物季，我們眞的需要在下訂完成的第十二分鐘就拿到貨嗎？買一送一的商品，我們眞的需要因爲多送一個就購買嗎？假若買回家、冷靜下來後，發現自己根本不需要這個東西，是不是就白花錢了？特別是光棍節那天，我印象非常深刻，當時我的臉書被光棍節購物發文洗板，許多人都說看到別人在狂買，自己不跟著買好像就是沒跟上潮流一樣。

意識到需要與否，其實就是意識到我們有沒有辦法「適應」這個東西，讓它眞正成爲我們生活中的一部分。

以前面的隱士故事來看，假若他接受了那隻羊作爲禮物，那接下來在他的旅程中，他勢必要適應那隻羊的行爲、飲食和作息，甚至還要付出額外的心力看顧其安危。如果他不是眞的需要那隻羊，只是因爲禮數而收下，旅程肯定會大受影響，因爲「多了一隻羊的煩惱」。

前面也曾談論到，人是會被「少」所感動、所吸引的，因爲那比較符合我們的本質、步調。跟現在的社會進步之快相比，人的適應本能是慢的；跟現在社會強調追求大量比起來，人本質上只需要些許的物質就足夠了。這就是爲什麼我們常常會反思：即使有再多的錢、能買再多豪宅，晚上睡的也是一張床；有再多的車子，坐的也是一個位置。人所需要的事物，其實並沒有我們以爲的那樣多。

而現代社會中過量的社交接觸，也讓人與人的關係實際上更爲疏遠。我們有看起來那麼多親近的關係，但事實上我們根本不知道該怎麼一次處理這麼多關係。牛津大學的演化與認知人類學者頓巴（Robin Dunbar）的團隊進行了一項研究，發現人際關係確實有其極限——一個人的友誼數量最多是大約一百五十人，超過這個數字，你就會沒辦法維繫關係。

我們現在的臉書好友數量隨隨便便就可以破千人，但我們怎麼可能有時間、有心力去跟這一千人同時維持良好的互動，保持良好的關係？對已經出社會工作的人來說，可能睡一個晚上醒來，手機的通訊軟體未讀訊息就會破百，但我們不可能每天都能夠處理完這些未讀訊息，不論是來自工作、朋友、家人、伴侶的訊息，都是一樣的。人對他人的專注力極其有限，更不用說我們也需要花時間關注自己。但是現代社會會爲我們描繪的美好景象就是：只要透過社交軟體，就能擁有數不盡的朋友，與數不盡的人分享生活，也能隨時隨地和朋友展開互動。

人與人的關係，是需要靠長期、有質量的互動來維繫的，而且也需要互相接納彼此的不完美，才能建立良性、正向的關係。但是，在過於追求個人主義與獨特性的現在，我們逐漸失去了與他人相處的能力，只看到他人與我們的不同，只看到臉書上其他人打卡在多麼高級的餐廳、有那麼多人參加某人的生日派對，而我今年生日只有一個人吃麥當勞度過。

爲了適應「快」而犧牲「慢」的能力

除了「多」，現代社會也正不斷地催促我們，要我們腳步加快，不斷追逐「更快」的生活步調。

相信大家都聽過常春藤三門相當有名的課：正義、快樂、死亡。這三堂課的內容都分別整理成書籍出版，現在也都已經有中文版本。而快樂這門課，是由哈佛大學一名研究群衆心理學的以色列籍講師所開。在那本書中，他開宗明義地給了「快樂」一個很簡單的定義。在這裡不會完整介紹他的理念，但我覺得相當有趣的部分是，這位講師認爲快樂並不是一個非黑即白的問題，而是一個「程度」的問題。我們只能說：「你今年比去年快樂嗎？」而不能問：「你現在快樂嗎？」他的意思是，快樂是一種慢慢累積的事物。

就像前面幾章談論到的，人的所有快樂，都需要長時間的投注與累積，而不是一蹴可幾。正如大家熟知的一句諺語：「Practice makes perfect.」（熟能生巧），或是「一萬個小時定律」（在成功之前，必須經過一萬個小時的練習），指的都是同樣的道理——我們生活中有許多面向，其實都是需要「慢」的累積。

現在有許多快速約會配對APP、快速學習法的書籍或課程，告訴我們只要往左滑、往右滑，就能找到人生伴侶，或是只要花上二十個小時，就能駕馭某國語言。現代社會的一切都在強調快、快、快，但我們也都知道，一個品質良好、能帶來較多快樂的關係是需要時間經營的，而大腦處理、內化資訊的速度，也是有限的。古人讀書的時候都一定要做筆記，他們認爲，如果讀書不做筆記，那就表示你沒有好好吸收一本書的內容，那這書也就白讀了。這並不是說看每本書都一定要遵照古人的習慣，而是提醒我們，在如此推崇「快」的現代社會，人的適應力、人類自身的能力，很多時候是快不得的。

過多的外在刺激、不斷催促我們加快腳步的時代氛圍，讓我們沖昏了頭，失去了判斷哪些事物比較重要、哪些比較不重要的能力。大量又快速的資訊和事件不斷沖刷過我們的心和大腦，使我們疲於篩選眞正對我們重要的東西，使我們適應不良，就沒有餘力去處理那些需要時間的問題，特別是跟他人之間的關係，如此一來，我們便無力於建立和諧、快樂的生活。

如前面所說，物質的刺激就像速食一樣，雖然吃得到味道，但是缺乏營養價値，還會對健康造成負擔。印度哲學認爲，對我們的心理狀況來說，物質的刺激會對我們的內心造成負擔，讓它失去自制的專注力、敏銳判斷、取捨哪些事物對我們比較重要的能力，自然就不可能得到更深層的平靜。

接受不完美，接受「會失敗」的自己

前面的章節曾提到，接受不完美是達到和諧的第一步。許多人可能會覺得，接受現況的不完美，好像沒有想像中困難，但是「接受不完美」其實也包含了一件事：接受自己的失敗。

我們往往都很難接受，在自己付出了大量的心血和努力之後，居然還是失敗了。

不論是在事業、課業、家庭、感情中，我們都不敢相信自己在付出那麼多之後，竟然得不到好的結果。許多父母已經盡力照顧孩子了，可是小孩還是覺得父母的陪伴不夠多；男友已經努力撥出時間約會了，但女生還是覺得太少；你花了一個多月時間在寫一個企畫提案，主管卻一句話要你重寫。生活中有太多這種看似無法接受的失敗，但是，爲什麼我們無法接受失敗？

這個社會不停地告訴我們，你的表現要完美、你的收入要完美，你必須贏，你不能失敗。但就是這個「不能失敗」，讓我們不停地在逼死自己。當我們被「不能失敗」這個想法纏住時，其實就是在忽略一件事：凡事都有個極限，包括我們自身的生命。

有些人或許玩過這個遊戲：你要如何分配自己一輩子的時間？包括規畫要花多少時間陪伴家人和朋友。這個遊戲最大的重點在於，當壽命確實有個極限時，該怎麼去分配我們的生命？接受壽命有個盡頭，就是在接受在未來某一天，這一切都會結束。當我們知道有一件事情無法永遠持續下去、終有一天會失敗時，我們會怎麼樣分配自己的時間？

我想大家從報章雜誌或故事中都會聽到這種例子：許多人努力工作，賺了很多錢給自己的家庭花用，結果某天當他被診斷出癌症末期，只剩下短短幾個月或幾週的壽命時，他的選擇是辭職，好好跟家人相處。爲什麼？因爲他看到了一個明確的盡頭。盡頭、結束、失敗。

在這個讓人適應不良的社會中，我們不僅無法適應失敗，也無法接受這個「無法適應的自己」，因而造成了嚴重的認知錯亂，以爲我們「不能失敗」。

當我們認爲自己不能失敗，不能接受終有一天一切都會結束、我們必定會死去，那就會在生活中產生各種不滿和抱怨。如果是正面積極一點的人，就會逼迫自己不斷向上、追求更完美的自己，甚至可能把自己逼至絕境；負面一點的人，就會開始怪罪他人、怪罪社會，把時間都花在抗議和鬥爭。

當我們能接受失敗的可能、接受不完美的自己的時候，我們才能意識到，我們必須去聆聽他人在說什麼、我們自己的看法很有可能是錯的。反之，如果人人都是完美的，我們哪還需要與人相處？正因爲人的不完美，讓我們有向外與他人合作、尋求意義的機會，否則生在這個世界將會變得一點「機會」也沒有，世界將變得非常無趣。

我想很多人應該都有這樣的認知：年輕人對於所有事情都非常熱血、熱情，但長輩們好像都會對很多事情妥協。有些人會認為這樣的大人很可悲，但他們往往忽略了一件很重要的事：很多時候他們的妥協並非來自於放棄，而是因為他們知道世界不可能是完美的，而當我們還年輕的時候，往往都相信有一個完美的世界存在，我們會用盡一切心力去完成那個世界，但這就好像在蓋一棟根本不可能蓋完的大樓一樣。只有當你認識到這個世界並非完美，每個人都有自身的限制與極限時，才有辦法與別人和諧共存。

所有追求完美的人，都希望是透過自己的雙手來達到完美。許多人身邊可能都有這樣的例子：有些人從出生就是人生勝利組，出身自富有的家庭，學業、工作也一帆風順，但當他開始自行創業或是在人生路途中重重跌了一跤、大大失敗過一次之後，他才開始懂得體諒別人、與別人相處。有許多朋友喜歡問我，一段感情要怎麼走得長久？我常常回答：當你們第一次大吵之後，就知道走不走得下去了。

當某些東西崩潰之後，我們才會知道對方究竟能不能接受不完美的我，而我能不能接受不完美的對方。

所以，我們人生中最重要的課題，便是接受「會失敗」的自己、不完美的自己，而且不只是要接受，還要確實認識到「我們不可能完美」。

印度哲學的智慧・快樂與自由，從內心停止尋求完美開始

在尋求內心自由的道路上，印度哲學從一開始就走向一條與他人不同的路徑。當時的思想家們相信，真正的快樂與自由，不是來自物質層面的刺激、或是對世界更多認識等向外的尋求，反而是來自個人內心的寧靜與解放。

在這個基礎上，悉達多更加主張，尋求一個快樂、圓滿的人生，是永遠不可能得到的，因為人生的現實就是充滿了不完美與缺陷，只有當我們開始接受這個不完美，才會開始放過自己、得到自由。

悉達多的後代追隨者——世親（Vasubandhu）在他的著作中提到：「我們的生理與心理的組合本身，就是不完美的、會帶來各種痛苦的、會損壞的，這就是痛苦的本質。」①

而悉達多更進一步指出，認識到痛苦的本質、停止尋求完美，我們才能得到自由，《出曜經》提到：「所謂的智慧，就是認識到這痛苦的本質，知道一

切都是不完美的，而停止追求完美、期望完美。」②

也就是說，內心的自由，從我們停止讓自己變得完美開始。

①「有漏名取蘊……名爲有諍猶如有漏，亦名爲苦違聖心故，亦名爲集能招苦故，亦名世間，可毀壞故。」

②「智慧厭足者……除諸患苦知苦原本，諸佛世尊思惟智慧。是故說曰：智慧厭足者不復觀欲愛。」

結語

因為我們都是「人」

總之，我們身而爲人，有一項很重要的基本課題，便是要停止我們的幻想。好比假設身上只有十萬塊的話，就不要幻想自己有一千萬：承認自己的不足，是非常重要的自我認識與能力。想想看，有多少錯誤的決策或可怕的後果，是來自於不肯承認自己的錯誤？不論是部分法官判錯案件，不願意認錯，還是政府高官因爲面子而對大衆隱瞞重要資訊，本質都是一樣的。大家不願意面對自己的錯誤和不足，不願意接受自己是個「人」、有所缺陷的事實。

一本書寫得好不好，不在於立論是否扎實，而是在於能不能感動他人；一場演講說得好不好，也來自於講者能不能讓觀衆感到眞誠。而所謂的眞誠，其實就是因爲人都是不完美的，就跟寵物是不完美的一樣，一個不完美的生命，才有他的故事、他的努力，不論是面對感情、工作、人際、家庭，或是死亡。

人在成長的過程中，都必定會經歷一段很重要的過程，就是開始意識到自己的父母也有他們的無能、能力的局限。到了這個階段，孩子的認知就會崩盤，然後從這裡開始，之後的人生端看他怎麼成長、怎麼面對這個事實。對處於任何人生階段的人來說，這都是一個影響重大的經驗。意識到自己的父母也有所不及、不完美，意識到與你有所交集的對象，都有其不足。

不論是什麼樣的關係，我們常常都會埋怨對方做得不夠，但其實問題的本質都是在於我們沒有辦法互相體諒、沒有辦法接受對方也是不完美的，而這背後的邏輯，其實就在於我們沒有去理解對方也是一個「人」，他也有他的極限，他做不到、想不到、意識不到。

再者，我們也都恐懼向他人坦承我們的不足——我們眞實的、不完美的自己。我們害怕出糗跟失敗。但是，有時候我們就得接受事情就是如此。一個能接受自己出糗跟失敗的人，又有什麼好恐懼的呢？

而在所有人生的失敗中，死亡又象徵了一切最終的失敗。

在我們的人生的學習經驗中，鮮少學習怎麼面對失敗，只被灌輸關於成功的那一面。每次看各種頒獎典禮時，看到得獎者在臺上說自己沒有準備感言、不知道該說什麼時，我心裡就在想，應該要來頒個給失敗者的獎，這肯定會更難。

這個社會一再教導我們，我們可以毫不壓抑地盡情宣洩快樂的情緒，可是我們卻沒辦法毫不壓抑地盡情宣洩失敗的情緒。從小到大，我們未曾被教育怎麼面對失敗，但是我們終究都逃不過那個永遠無法戰勝的、終極的失敗——死亡。如果能正確地面對它，就可以反過來應用到我們的生命裡。當我們懂得如何面對最極致的失敗時，才有辦法回頭直視人生中的各種失敗。

面對死亡，就是面對人生的「有漏」，而這個能力，就是我們人類有限的能力，所能達到的最高極致。

後記

工業革命之後，人類社會的生產力大爆發，這讓資本主義有實現的空間，鼓勵大量生產來製造更多的資本，再經由消費主義的鼓吹，許多人已經忘記了自己作為「人」的特性，一逕瘋狂地追求「高、大、上」，不停地努力拚搏，以保護自己所擁有的一切。

於此同時，由於我們將所有的精力與專注都投注在物質主義的產品中，導致我們對於人際關係、情感、相處的看法，出現了嚴重的斷層與隔閡。更有甚者，我們將珍貴的、原屬於人的一切，視作像物質一樣可以追求高、大、尚、快的存在。

甚至對我們自己，也有了這樣的誤解與要求：遺忘了自己是個人類的事實，將自己的生命視作產品一般來衡量。

我何其有幸，早在弱冠之年就浸淫於古印度哲學的思潮中，我常常與朋友們戲謔地說：「我最好的朋友，都是已經死去的印度人」，但就是這些最好的古人朋友們所留下的著作、文化，這些豐富而充滿智慧的遺產，讓我、讓這個世界上的人能夠受用無窮。

印度哲學從尋求寧靜的視角出發，強調如何磨亮內心中那份專注與敏銳的判斷力，進而循序漸進探討人際關係等一切「有爲」的特性，鼓勵我們擁抱人生的無奈，回到一個「人」該有的生活。

最難能可貴的，是印度哲學的這些論述，就算經過了時間的洗練，仍對生在二十一世紀的我們產生正面的影響。它那一系列與資本主義、物質主義和消費主義劃出分野，甚至分庭抗體的論述，正是不斷遭受物質化侵蝕而日趨「單薄」「扁平」的人們，得以喘息，甚至停下來檢視自己的契機。

Eurasian Publishing Group
圓神出版事業機構
用心與你對話・網野無限寬廣
究竟出版社
Athena Press

www.booklife.com.tw

reader@mail.eurasian.com.tw

哲學 036

別讓世界的單薄，奪去你生命的厚度：

以印度哲學爲師，找回內心的自由權

作　　者／熊仁謙
協力撰述／黃亦安
發 行 人／簡志忠
出 版 者／究竟出版社股份有限公司
地　　址／台北市南京東路四段50號6樓之1
電　　話／（02）2579-6600・2579-8800・2570-3939
傳　　真／（02）2579-0338・2577-3220・2570-3636
總 編 輯／陳秋月
主　　編／王妙玉
專案經理／賴真真
責任編輯／王妙玉
校　　對／熊仁謙・黃亦安・王妙玉
美術編輯／潘大智
行銷企畫／張鳳儀・范綱鈞・陳禹伶
印務統籌／劉鳳剛・高榮祥
監　　印／高榮祥
排　　版／陳采淇
經 銷 商／叩應股份有限公司
郵撥帳號／ 18707239
法律顧問／圓神出版事業機構法律顧問　蕭雄淋律師
印　　刷／祥峰印刷廠
2018年5月　初版
2021年5月　18刷

定價 250 元　　ISBN 978-986-137-253-2

這是在見過各種死亡、看到這麼多人如何面對死亡後，
我所學到的最重要的事情之一——
得與失，本來就是一體兩面。
這才能逐漸擺脫恐懼、停止因爲恐懼而付諸的行動。
——熊仁謙，《別讓世界的單薄，奪去你生命的厚度》

國家圖書館出版品預行編目資料

別讓世界的單薄，奪去你生命的厚度：以印度哲學為師，找回內心的自由權／熊仁謙 著. -- 初版. -- 臺北市：究竟，2018.05
232面；14.8×20.8公分. --（哲學；36）
ISBN 978-986-137-253-2（平裝）

1.人生哲學 2.自我實現

191.9　　107004501

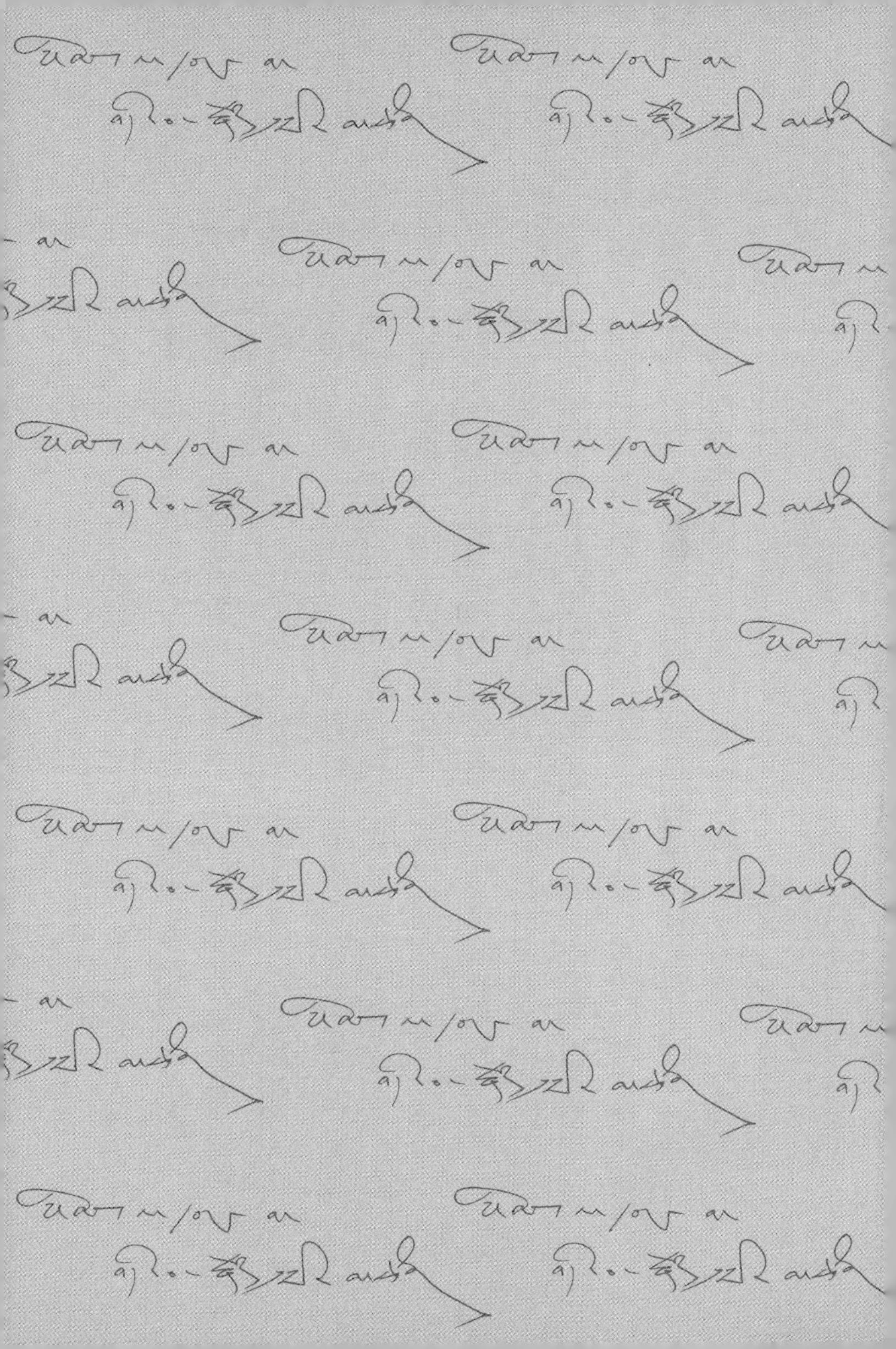

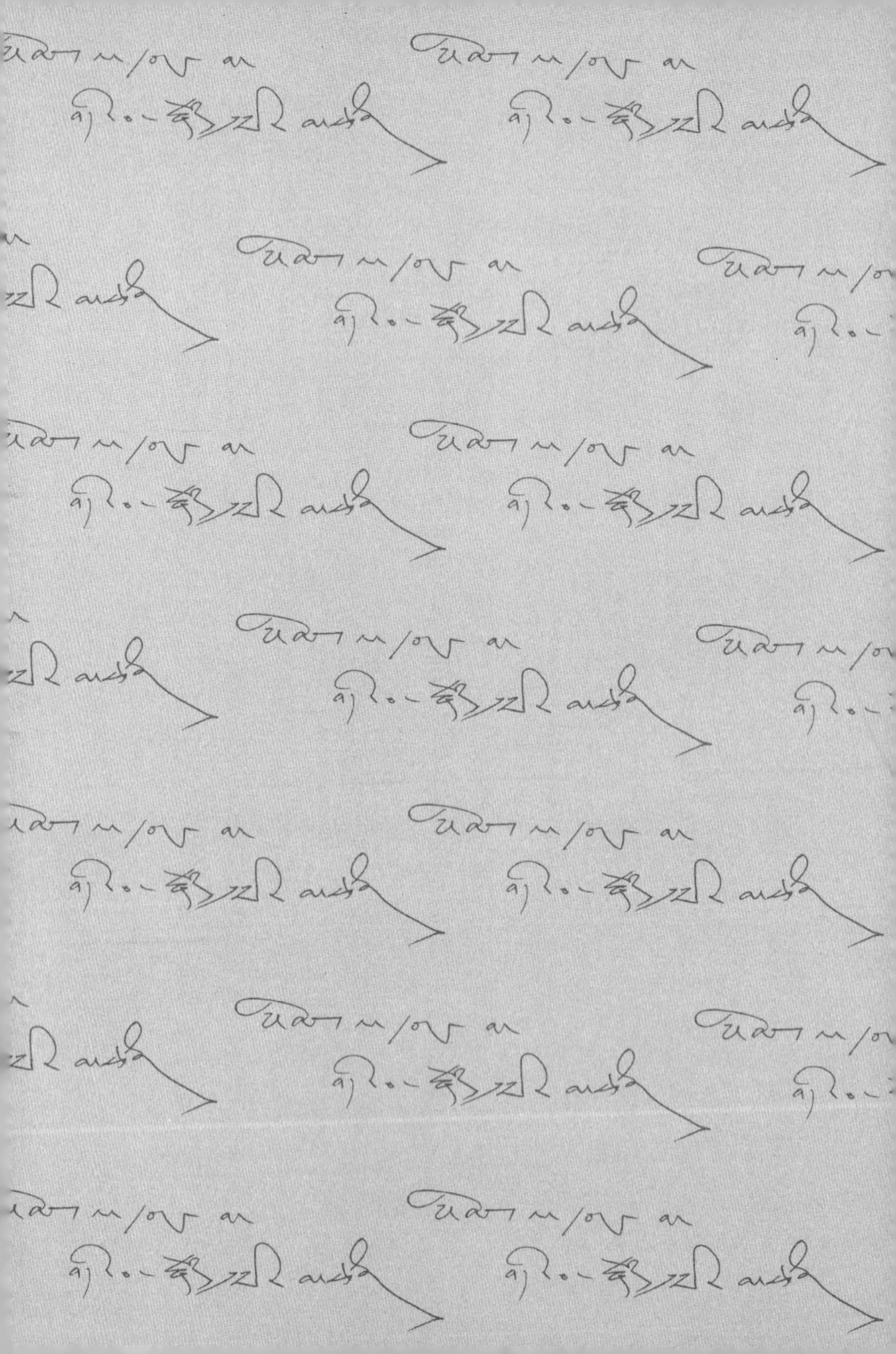